JN069310

音楽の
方法誌

練習場面のエスノメソドロジー

吉川 侑輝

晃洋書房

はじめに——本書の全体図

　本書は，音楽について考えようとしている．これから論じるように，これまでの音楽という現象を主題化しようとする専門的 professional な研究者たちは，さまざまな手立てを利用しながら，この捉えがたい現象をいかにして観察するかということについて，いわば理論的関心のもとで取りくんできた．これに対して本書は，当の音楽が実践されている現場において，人びとが，その日常的活動における実践的関心のもとで，どのように音楽という現象を編成 organize しているかということそれ自体を明らかにすることを試みる．より具体的には，本書がすすめていくのは，ひとつの日常的活動としての「練習」場面を主要なフィールドとしながら，人びとが「演奏」を通じて音楽を組みたてていくときに利用しているさまざまなやり方（以下，プラクティス practice と表記する）を明確にする，という作業である．演奏において利用されている人びとの方法をあらためて明確にしていくという作業，いわば「方法誌 methodography」（サーサス 1995: 17; 浦野 2012: 10-11）を進めることによって本書は，音楽という現象が備えている特徴について議論をおこなう．本書ではさらに，音楽に関心をもつ専門的研究ならびに日常的関心へのその貢献可能性や，展開可能性を議論していく．

　本書の議論によって明らかとなるのは，音楽という現象が，「日常的」にして「言語的」な仕方で理解可能な諸方法を「複合的」に組み合わせていくことによって編成されているということである．詳しくは後述することになるが，本書の観察（第5章・第6章）にしたがえば，たとえば，ある練習において演奏を訂正したり，音楽家同士が楽器のチューニングをしたりするとき，そこで用いられている表現には楽器の発音が——すなわち一見して言語とは関係のないものであるようにみえる素材が——用いられるけれども，発音同士のしかるべき組み合わせによってなし遂げられているさまざまな行為の理解可能性は，あくまでも自然言語にもとづく理解がともなっている——これが「言語的」という意味である．また，本書における別の観察（第4章）にしたがえば，音楽家たちは，合奏を同時に開始するとき「演奏の提案」や「演奏の準備」といったいくつかのふるまいとその連鎖を利用することがある．それらは「演奏の提

案」や「演奏の準備」であるという意味において音楽家たちの活動に特殊なものであるが，同時に「演奏の提案」や「演奏の準備」であるという意味において，音楽家たちの活動以外のさまざまな日常的活動とのかかわりを持っているはずだ——これが「日常的」ということの（ひとつの）意味である．また本書におけるさらに別の観察（第7章）にしたがえば，音楽家が自室においてひとりでおこなう即興演奏の練習においては，旋律の瞬間的な訂正などがおこなわれることがある．そこでは，奏される即興的な「旋律」における間違いの「訂正」は，奏されているものが「旋律」であることによってそれを「訂正」することが可能となっているし，反対にそれを然るべき仕方で「訂正」することによって，演奏されているのが「旋律」であるということが目撃可能 witnessable なものとなっている．このとき，「旋律」を組み立てていくことと，音を置き換えることなどによってそれを「訂正」することは，それぞれが別のプラクティスに基づいていながら，ともにお互いを支えあうような関係を備えている——これが「複合的」ということの意味である．こうして一見してその探求に難しさが含まれているように思える音楽という対象に対して，当の人びとがどのようにそれを探求しているのか，本書はそれ自体を明らかにするというやりかたで，音楽という現象の特徴を明確にしていく．

　本書は，以下のように構成されている．

　まず，第1章から第3章では，本書が経験的研究——狭い意味における——[2]を遂行するための，予備的な作業をおこなう．

　第1章「序論」では，音楽にかかわる既存の研究を，社会学を中心に検討する．ここではまず，音楽という現象の特徴を提示するという本書の目標を提示し，それを遂行するための方針を考察する．この章ではまず，音楽の日常的観察と科学的観察の関係を示したうえで，前者を主題化する方針を提示する．また日常的観察の明確化を遂行していくために，音楽家でない人びとによる観察というよりはむしろ，音楽について一定の能力を備えた人びとによる観察を跡づけていくことの正当性を論じる[3]．そのうえで，そのような観察を解明していくために，「練習」という場面をフィールドとして，「演奏」にかかわるエスノメソドロジーを解明するということを，本書の目的として提示する．

　第2章「先行研究——練習場面における演奏分析にむけて」では，本書にかかわる既存のエスノメソドロジー研究を検討することで，本書の課題を明確にする．具体的には，この章では，音楽にかかわるさまざまな活動のエスノメソ

ドロジー研究を収集し，それらを比較検討することによって，既存の研究が明らかにしていることや，そのような研究自体が備えている特徴を明確にすることが試みられる．こうした作業を通じて，音楽にかかわる活動のエスノメソドロジー研究が，特に近年，実に多様なフィールドにおいて展開しているだけでなく，発話などを利用しながら練習場面を編成していくためのやりとりや，楽器演奏を利用しながら音楽を組みたてていくためのやりとりといった，さまざまな現象を対象としていることを明らかにする．こうした作業をおこなったうえで本書は，練習場面をフィールドとして，人びとが演奏を組みたてていく方法を中心的主題とするような研究課題——こうした課題を「会話分析」に対して「演奏分析」と表現することもできるであろう——を設定することによって，音楽にかかわる日常的な活動の編成それ自体を探究していく，ということを論じる．

第3章「技術についての注記——想起としての分析」では，経験的な研究に先行して，方法論にかかわる，理論的な考察を実施する．より具体的には，この章では，エスノメソドロジー研究における認識論的な議論を収集・分析することで，研究者たちが常日頃利用しているようなさまざまな技術と，それを通じて探究されている日常的実践の関係を，見通しのよいかたちで記述することを試みる．音楽を探求する研究者たちは，その営みのなかで，ビデオカメラや録音機材を利用すること，トランスクリプトを作成すること，そしてデータを収集することなどの，さまざまな技術を利用するであろう．しかしながら，しばしば指摘もされているように，一見すると，こうした専門的な技術の利用と日常的な活動を探求することの間には，困難な関係が存在しているようにもみえる．これに対して本書は，エスノメソドロジー研究者たちが専門的な技術を利用することによって従事しているのが，日常的実践の詳細を効率よく想起することを支援しているにすぎないということ，ゆえにこうした専門的な技術と日常的活動の探求とが，決して矛盾はしないということを主張する．

第4章から第8章では，第1章から第3章の議論をふまえたうえで，練習場面における経験的調査にもとづいた演奏分析がおこなわれる．

第4章「練習場面におけるエスノメソドロジー（1）——アンサンブルにおける演奏の提案」では，アンサンブルのリハーサル場面をフィールドとして，演奏の開始直前における人びとのやりとりに着目する．そのような場面の分析を通じて本書は，音楽家たちが，{1}演奏の提案，{2}演奏の準備，{3}

アインザッツの提示，そして｛4｝演奏という4つの部分からなる連鎖構造を
さまざまに変形させながら，演奏における同期の達成という課題に取り組んで
いることを例証する．このようにして本章では，音楽における同期が人びとに
いかなる課題を要請しているかを明確にしていく．

　第5章「練習場面におけるエスノメソドロジー（2）――演奏をつうじた説
明可能性の編成」では，音楽家たちが自らの演奏についての理解を提示し合う
実践を分析することによって，それらを説明可能 accountable なものにして
いくひとつの方法を明らかにする．この章では特に，リハーサルにおいて音楽
家たちが演奏を中断したり再開したりするなかでひとつのフレーズを断片的に
繰り返したりすることによって，フレーズに含まれている問題についてのお互
いの理解を提示するやり方を記述する．こうした分析を通じて本章では，言葉
が用いられていない音楽のフレーズが有意味なものとなる場面の構造を明らか
にする．

　第6章「練習場面におけるエスノメソドロジー（3）――相互行為としての
チューニング」では音楽活動における「ピッチを合わせること」という基盤的
な現象がいかにして達成されているかを，音楽家自身が従事しているひとつの
日常的な課題にそくして特定する．この章では，「ピッチを合わせること」の
社会性を解明するために，アンサンブルにおけるチューニング場面に着目する．
具体的には，複数人でおこなわれるチューニング場面のビデオデータとその断
片から作成されたトランスクリプトを利用することで，音楽家たちが，チュー
ニング活動のただなかにおいて，自らの楽器における音高がすでに調整されて
いることを標示 demonstrate するための表現形式――本章では，この表現形
式は「n＋n＋s」と（要約的に）表現されることになる――が利用されている
ことを例証する．こうして，チューニング活動においてとりくまれているひと
つの技法を明確にすることで，「ピッチを合わせること」にともなう社会性が
特定される．

　第7章「練習場面におけるエスノメソドロジー（4）――ひとりでおこなう
練習の理解可能性」では，ひとりでおこなう演奏の公的な理解可能性を解明し
ていくことを通じて，ひとりでおこなう練習の特徴を明確にしていく．本章で
は，こうした課題を遂行するために，本書の筆者みずからの練習場面を対象と
して，ひとりでおこなう演奏のビデオデータを分析する．より具体的には，こ
うした分析を通じて，即興演奏において適切な旋律を産出することや演奏にお

ける誤りを訂正するためのさまざまな規則が，練習のなかのひとつのふるまいにおいて，多層的に利用されていることが明らかになる．そのうえで本章では，ひとりでおこなう演奏というものが，潜在的には他人にもまた理解可能なかたちで編成されているのでなくては目下の練習が自分自身でも理解可能なものとはならないことや，演奏がそなえるそのような特徴が練習という基盤的な活動の特徴をかたちづくっていることを主張する．

　第8章「結論」では，本書における経験的研究を通じて得られた知見と，それが先行研究に対してもたらす貢献を議論したうえで，本書の結論や展望が述べられる．この章では本書の分析を辿り直すことによって，音楽の日常的観察において利用されているプラクティスが言語性，日常性，そして複合性を備えていることを論じる．そのうえで本書では，そのことが既存の会話分析や演奏分析に対してどのような貢献をすることが可能であるかといったことや，本書が提示してきたような日常的観察の特定作業が，科学的観察という既存の方針にどのような貢献をすることが可能であるかといったことを論じる．本書の最後には，本書の課題と展望が述べられる．

　このように本書は，演奏分析という試みを通じて，練習場面における演奏のただなかにおいて利用されているエスノメソドロジーを単に明確にしていくというだけの試みであるに過ぎない．しかしながらこの試みは，音楽という現象に関心をもつ既存の専門的研究における課題をなんらかのかたちで解消したり，専門的な研究が音楽という現象それ自体に接近したりするためのひとつの「近道」ともなりうるものを提示すると本書は考える．この意味において本書が遂行する「音楽の方法誌」は，それが対象とするさまざまな局所性に徹するというまさにそのことによって，それらを超える可能性を獲得しようとするものでもある．

　以下では，このことが敷衍されていく．

注 ────────────────────────────────────

1）本書では「音楽家」という言葉を，この言葉が日本語において普通利用されるときのような，職業的音楽家といういみでは用いていない．そうではなく本書は，英語におけるミュージシャンという語の使用法（e.g. Finnegan［1989］2007＝2011）を念頭におきつつ，職業人であれ素人であれ，音楽演奏を実践する人びとを，ひとまとめに「音楽家」と表現している．

2）ここで「狭い意味での」と述べているのは，本書は結論を構成する第8章を除いたす

べての章においても,「広い」意味では経験的研究をおこなっていると考えているからである．より具体的には本書では，第1章においては音楽社会学を中心とした既存の研究が，第2章では既存のエスノメソドロジー研究の研究群が，そして第3章では民族音楽学などを中心とした既存の研究群が，研究実践を対象とした経験的研究として，探求されている．

3) 本書は音楽における能力の内容を事前に定義することから研究を開始するということをおこなわない．それは本書が，音楽にかかわるさまざまな能力というものを，定義によって初めて明らかとなるものでなく，すでに明らか（理解可能）であることによって定義が可能となるようなものであり，この明らかさ（理解可能性）自体を分析しようとしているからである（詳しくは第1章を参照のこと）．したがって，本書における音楽家たちの専門性は，個別具体的な場面における分析を通じて，いわばその分析の結果として示されることとなる．この意味で，本書における対象が音楽の専門性というものを含んでいるかどうかは，一般的な定義をもとにして抽象的に議論されるのでなく，本書がこれからなすいくつかの分析結果にそくして，個別具体的に問われるべきものである．

目　次

はじめに——本書の全体図

凡　例

第1章　序　論 ——————————————————————— 1

1.1　本書の目標と本章の目的　1

1.2　科学と日常　4

1.3　非専門家と専門家　9

1.4　エスノメソドロジー　12

1.5　本書の目的　16

第2章　先行研究の検討 ——————————————— 22
——練習場面における演奏分析にむけて——

2.1　本章の目的　22

2.2　先行研究　23

2.3　研究の概観　26

2.4　分　析　31

2.5　議　論　36

2.6　小　括——練習場面における演奏分析にむけて　38

第3章　技術についての注記 ——————————— 42
——想起としての分析——

3.1　本章の目的　42

3.2　先行研究　46

3.3　エスノメソドロジー研究における技術　48

3.4　「精巧なリマインダー」としての技術　49

viii

　3.5　議　論　54

　3.6　小　括　55

第4章　練習場面におけるエスノメソドロジー（1）──── 59
　　　　　──アンサンブルにおける演奏の提案──

　4.1　本章の目的　59

　4.2　先行研究　60

　4.3　データとトランスクリプト　61

　4.4　分　析　62

　4.5　議　論　76

　4.6　小　括　76

第5章　練習場面におけるエスノメソドロジー（2）──── 78
　　　　　──演奏をつうじた説明可能性の編成──

　5.1　本章の目的　78

　5.2　先行研究　80

　5.3　データとトランスクリプト　81

　5.4　分　析　82

　5.5　議　論　88

　5.6　小　括　89

第6章　練習場面におけるエスノメソドロジー（3）──── 91
　　　　　──相互行為としてのチューニング──

　6.1　本章の目的　91

　6.2　先行研究　92

　6.3　データとトランスクリプト　93

　6.4　分　析　97

　6.5　議　論　102

6.6 小 括 103

第7章 練習場面におけるエスノメソドロジー（4）── 106
──ひとりでおこなう練習の理解可能性──

7.1 本章の目的 106

7.2 先行研究 108

7.3 データとトランスクリプト 110

7.4 分 析 113

7.5 議 論 117

7.6 小 括 118

第8章 結 論 ─────────────── 121

8.1 本章の目的 121

8.2 演奏分析──現象の日常性・言語性・複合性 122

8.3 議 論──演奏分析と会話分析 126

8.4 結 論──日常的観察と科学的観察 128

8.5 課題と展望 131

おわりに 135

文 献 139

人名索引 151

事項索引 153

x

凡　例

1　全体の方針としては『社会学評論スタイルガイド』（第3版）にしたがった．
2　特定の術語が想定されている場合や，慣習的に原語と大きく異なる翻訳が割り当てられるような表現については，日本語に続けて原語を記した．
3　楽曲のタイトルは，二重山括弧を用いて表記した．
4　調査協力者たちの匿名性を確保するために，人名や団体名は，アルファベットで表記した．そのほか調査月などは，議論に関連しないと判断した範囲で変更を加えた．
5　会話のトランスクリプトは，以下に示す変換規則で作成した．ただし演奏活動を転記するという事情などから拡張的な変換規則を必要とした場合は，その都度説明をおこなった．

:	音の伸ばし
–	カットオフ
h	呼気音・笑い
.h	吸気音
(1.5)	休止の秒数
(.)	0.1秒以下の休止
[	発話の重なりの開始
]	発話の重なりの終了
=	発話の途切れないつながり
?	語尾の上昇
(　)	聞きとり不可能な発話
(○○)	○○のように聞きとれる発話
○○	強められた発話
°○○°	音量が小さい発話
<○○>	速度が遅い発話
>○○<	速度が速い発話

6　本文において和音や単音を指示するときには，和音はコード記号で，音名は和音名と区別するためにドイツ音名で小文字のアルファベットで表記した．したがって，臨時記号によってシャープが付された音名には is が，フラットが付された音名には es が続く（ただし，a 音のフラットは as 音，e 音のフラットは es 音，h 音のフラットは b 音と表記される）．加えて，コード記号のあとには「和音」と，単音名のアルファベットあとには「音」と記すことで，両者の区別を明確にした（例: Bm 和音; b 音）．

第 1 章

序　論

1.1　本書の目標と本章の目的

1.1.1　本書の目標

　本書がめざすのは,「音楽」という現象が備えている特徴を明確にすることである. こうした目標を達成するために本章では, 音楽という現象を探求するための方針それ自体を明確にする作業に, まずは取り組んでいく. こうした作業を経て, 本章の最後では, 練習場面における音楽演奏のエスノメソドロジー研究という方針が提示される.

　私たちの社会生活において音楽は広範な領域において利用されているような現象であるように思われる. 自ら作曲をしたり楽器を演奏したりするような人でなくとも, 音楽を聴くことをその趣味とするような人は, あらゆる世代にわたって存在している (北田 2017; 南田 2019). また, ひとたび都市のような公共空間に出れば, それを聴きたいと思うか否かにかかわらず, 音楽はさまざまな場所で利用されているものだ (吉川 2021c). さらには住居といった「私的な」空間の中であっても, テレビをつければ, やはり「広告」や「BGM」といったかたちで音楽に接することになるであろうし, さまざまな家電製品には, 音楽が利用されている (林・小川・吉井 1984; 小川・小田・粟谷・小泉・葉口・増田 2005). こうした, 音楽が生活の隅々まで利用されているという事態は, 音楽社会学者の小川博司によって, 社会の「音楽化」と要約されている (小川 1988). 音楽はこのようにして, 私たちの社会生活におけるひとつの広く行き渡った現象であると考えることができる.

　音楽が私たちの社会生活において広く行きわたっているということを足がかりとしながら, さまざまな研究者たちが, 音楽を観察することを通じて, そこに音楽以上の契機を見出すということを試みてきた. すなわち音楽が私たちの

社会生活において「遍く」張り巡らされているのであれば，その音楽を丹念に調べていくことによって，私たちの社会生活のなにか重要な事柄が明らかになるに違いない，というわけである．そのような研究の端緒となったひとつの研究事例として，現象学的社会学者であるアルフレッド・シュッツによる音楽論を挙げることができるであろう．シュッツは「音楽の共同創造過程 making music together」と題された論文のなかで，私たちの日常的なコミュニケーションを基礎づけていく過程において，音楽をともに演奏することやパートナー同士が性愛をともにすることなどといった活動に着目している（Schutz 1951＝1991）．シュッツは私たちのコミュニケーションがその根底において「非概念的な」（シュッツはこの表現を「言葉に頼らない」という意味で用いている）契機によって支えられていると考え，その機制を「相互同調関係 mutual tuning-in relationship」とよんでいる．このとき音楽演奏という活動は，その基盤において，それをおこなう演奏家同士の，また時には現在の演奏家と過去の作曲家同士の時間を超えたコミュニケーションがおこなわれるような場面を例証するような契機となっているというわけである（寺前 2018）．以上はひとつの例に過ぎないが，音楽はしばしば，私たちの社会生活の特徴を極限的に例示しているような事例とみなされてきたのである．

　ところで，このとき注意すべきことのひとつは，「音楽の共同創造過程」論文において，音楽の具体的なあり方は必ずしも検討されていないということである．シュッツによる議論は，日常的なコミュニケーションのあり方を，音楽を通じて解明しようとするものである．これはある対象を，当の対象ではなく，音楽についての思索を深めることによって観察するということにほかならない．それでいてシュッツは，この論文のなかで，かれ自身が構成した，音楽の抽象的な——または理念的な——ありかたを検討している．すなわちシュッツにおいて，音楽それ自体はいまだ探求の俎上にあげられていない．

　しかし，なんらかの対象を，音楽を通じて観察するといったことをするときに，それを通じて観察をおこなうところの音楽それ自体が観察されていないことは，明らかに望ましいことではないように思われる．なぜならそのような事態は，実際におこなわれた対象についての観察の正しさを損ねてしまう可能性があるからだ．

　シュッツがそのひとつの例であるように，音楽が私たちの社会生活に遍在しており，かつその探求に資するような——唯一ではないにしても——それなり

に有意な現象であるという理解に比して，しばしば，音楽それ自体は観察の対象とならないということが生じる．こうした事態に対して，音楽それ自体を丹念に観察していくことによって，私たちの社会生活に遍く張りめぐらされているとされる音楽それ自体はもちろんのこと，それを通じて観察されるところのなんらかの対象を観察していくようなさまざまな研究が展開していく可能性があるように思われる．そこで本書が目標とするのは，音楽がいかなる特徴を備えた現象であるかを解明していくことである．このことによって，日常的な音楽にかかわる実践的な関心と，音楽についての思索を通じて専門的な研究を進めようとする科学的な関心の双方に貢献することをめざしていく．

1.1.2　本章の目的

　このとき，では音楽という現象をどのように観察するかということ自体が，ひとつの問題となる．ふつう音楽は，「言葉」に頼らないことが可能であるような芸術であるとみなされている (Hanslick [1854] c. 1922＝1960)．音楽はこの点において，同じ芸術でも文学とは異なる特徴をそなえているといえるだろう．また音楽は，しばしば「時間芸術」などと特徴づけられることもあるように，それが現れるやいなや，ただちに消えてしまうような現象でもある (Halbwachs 1950＝1989)．この点において音楽は，同じ芸術でも，言葉を必ずしも利用しない絵画や彫刻などといった物質芸術とも，異なる特徴をそなえている．音楽は読むことも，見ることも，触ることもできない．こうして音楽について少しでも思索をめぐらせてみるだけでも，それは一見して捉えどころのなく，その境界も不確かな，いわば儚い存在であるように思えてくるであろう．このような事情により，音楽それ自体を探求することは，しばしば，音楽を言葉や物質のように扱うこと（すなわち音楽を「物象化」してしまうこと）を回避する試み (Small 1998＝2011; 諏訪 2012; 中村 2013; 吹上 2015) とともに進められてきた．すなわち，音楽をいかにして探求するかということは，それ自体が探求上のトピックを構成しているのである．

　そこで本章ではまず，本書がすすめる作業に先立って，いかにして音楽を観察すべきであるか，より控えめにいえば，どのような方針をすすめればそれが可能となるかということを，考察していく．本章の以下の部分では，一見して曖昧な現象であるところの音楽を観察するための方針を，民族音楽学や社会学などにおける既存の研究なども参照しながら論じていくこととなる．こうした

作業を通じて，本章では，本書自体がすすめていく方針を明確にしていきたい．

　本章の議論は，以下のように構成されている．つづく1.2では，本書の方針を明確にしていくための足がかりとして，音楽の科学的観察と日常的観察の関係を論じる．具体的には，科学的観察が日常的観察を前提としていることを論じたうえで，後者を明確にしていくことの含意を考察する．つづけて1.3では，音楽の日常的観察それ自体を観察するという方針が，決して困難な方針ではないということ，あるいはそれが困難な方針でもありうるとしたときに，それがいかなる条件のもとで「困難な」方針でもありうるかといったことを論じる．1.4では，音楽の日常的観察それ自体の観察を遂行していくための方針として，エスノメソドロジーという方針が提示される．最後の1.5では，それまでの議論をふまえながら，次章以降において具体的な研究を進めるための準備をおこなう．具体的には，音楽の日常的観察のあり方を明確にするために，本書が音楽の「演奏」という活動に着目することや，「練習」場面というフィールドに目を向けることが述べられる．

1.2　科学と日常

　あらゆる科学的観察において境界が「曖昧な」ものは，明らかに対象として避けられるべきもののひとつである．なぜなら「曖昧な」対象とは，客観的な，つまり誰が見ても同じ仕方で扱えるような対象とはいえず，ゆえにそれを好き勝手に取り扱ってしまったり，それをもとに独りよがりな，いわば「主観的な」主張をしてしまったりすることにつながるように見えるからである．だから科学的研究はふつう，対象を「定義」したり，あるいは手前の理論や方法を利用したりすることを通じて，「曖昧な」ものを事前に除去したうえで，研究をすすめていく（Durkheim 1960＝1985）．そして，すでに述べたように，言葉でもなく物質でもない「音楽」という現象は，「曖昧な」境界を備えた現象のひとつであるように思える．当然ながら，音楽を観察しようと試みる研究者たちもまた，「曖昧な」ものをできるだけ除去しながら，その観察を進めようとする．通常であれば，そのような作業無くしては，科学的研究を開始することすらままならないであろう．こうして音楽についての科学的研究（e.g. Johnstone & Katz 1957）は，音楽をより確からしい何かに置き換えることによって，その観察をすすめようとする．

　こうした科学的観察には枚挙に暇がないが，そのような研究は，以下に示すような２つの方向（cf. 宮本 2006: 17）に分離してゆくように見える．

　一方では，音楽というものにそもそも「意味」や「内容」があるということ自体が，疑われることになる．構造 – 機能主義的な音楽社会学のメルクマールとみられているところの，ドイツの社会学者アルフォンス・ジルバーマンによる著作『音楽はいずこへ』（Silbermann 1957＝1966）を例にあげてみたい．ジルバーマンによる主要な主張のひとつは，端的に言ってしまえば，音楽のことを科学的に探求したいのであれば音楽を対象とすべきではない，ということであった．ジルバーマンが構想したのは，音楽の「生産者」や「消費者」といった「音楽社会集団 musical social group」の社会における構造や機能を主題化することによって，音楽社会学を科学化することであった．すなわち，ジルバーマンが設定した対象は，音楽をめぐって取り組まれる人びとによる，生産や消費といった「行動」であり，作品そのものの分析は，回避されている（宮本 2006: 17）．いわばかれは，音楽それ自体は客観的な探求が困難であるが，音楽と行動を切り離し後者だけを研究することによって，客観的な研究が可能になるだろうと論じたのである．かれの主張は，以下の引用において，端的に示されている．

　　問題の科学的な処理の仕方というものは，極端なみかたをすれば，純粋の音楽分析とか音楽生活体の個々の局面を，ただいたずらに扱うだけでは十分に解決できるとはいえない．［……］どんな音楽の類型も，それぞれ特定の人間類型と一致し，反映し，対応するものであり，さらに，職業的音楽家に関するかぎり，演奏家は演奏に際して，一定の豊かな技術的能力と知的・心的可動性とを備えている必要がある．［……］したがって，〈いかに音楽にアプローチするか〉と問うとき，実際には，同時に，それぞれの異なった人間集団や社会が，それらの成員の音楽的欲求をどのように満たしているのかという，極めて人間的な提議をしていることになる．（Silbermann 1957＝1966: 14［下線は筆者による］）

　他方では，音楽における内容や意味を，より専門的な仕方で明確にしていくことが目指される．ここでは，ジルバーマンと同時代の社会学者・哲学者である，テオドール・アドルノによるひとつの楽曲分析（Adorno 1960＝2014）を例に挙げてみよう．アドルノによるひとつの分析は，ドイツ・ロマン派の作曲家

6

であるグスタフ・マーラー（1860-1911）の交響曲のなかに，ヘーゲルの思想を見出すというものであった．アドルノの楽曲分析は難解であるが，その一部を紹介してみたい[2)]．アドルノの観察にしたがえば，マーラーによる交響曲の第1番における再現部は，ベートーヴェンをはじめとしたウィーン古典派によるソナタ形式の典型的な交響曲がそうであるのとは異なり，「形式どおり」の「繰り返しが」おこなわれない（Adorno 1960＝2014: 18）という．それはいささか複雑な経過をたどることによって，「ソナタの精神に応じつつ反抗しながら，音楽の全体が秘かにそこから紡ぎ出されてゆくように」（Adorno 1960＝2014: 18）なっているのである．アドルノは，一貫した論理にもとづくウィーン古典派によるソナタと，同一性を否定するマーラーの交響曲に見出されるこうした対比に，カントとヘーゲルの対比を見出している．すなわち，「音楽がそもそも論証的な論理とよりも弁証法的な論理とこそ，より共通性をもつものならば，音楽はマーラーにおいて，哲学がシシュフォスのように石を積み重ねる努力によって伝来の思想を，つまりは静的な同一性へと硬化した諸々の概念を，動かそうとしているその方向を欲している」（Adorno 1960＝2014: 19）．以上はひとつの小さな例にすぎないが，アドルノはこのように，ジルバーマンとは対照的に，自身の音楽社会学を，楽曲分析として遂行している（宮本 2006: 17; 吹上 2015: 13）．『音楽社会学序説』（Adorno 1962＝1999）と題された書物からの以下の引用には，こうしたアドルノの立場が，端的に記されている．

　　音楽の社会的分配と受け入れは単なる付随現象にすぎない．本質は，音楽自体のうちにある客観的な社会的構造である．この本質的なものは，音楽社会学がまずすべての事実を意のままにし，ついでそれを解釈し，またそれによって解釈能力を与えられる日まで，従順をよそおって，際限なく棚あげにしておくわけにはいかない．なぜなら，音楽社会学が音楽の分配と受け入れに関して提出する問題そのものが，音楽の社会学的内容に関する問題と音楽の機能の理論的解釈とによって決定されうるものであろうからである．（Adorno 1962＝1999: 386［下線は筆者による]）

さて，行動の客観的分析を試みるジルバーマンと，マーラーの作品分析を通じてそこにヘーゲル思想を見出すアドルノ，両者がおこなっていることは一見すると対立的であり[3)]，全くの正反対のことがらであるようにみえる．しかしながら両者の方針は，ひとつの前提を共有しているように思われる．それは，日

常的観察を「懐疑」すべきものであり，ゆえにそれを別のものに置き換えるべきであると考えているという前提である．つまり，音楽の「曖昧さ」という課題を，専門的な仕方で取り除いていくこと，こうした方針が，2 つの専門的な観察において，ともに遂行されている[4]．

　このような，日常的観察を懐疑しそれを退けたり修復したりするような専門的な観察のことを，便宜上，ここでは「科学的観察」とよんでおきたい．いま，音楽の日常的観察と科学的観察とは，非対称的な関係におかれている．すなわち科学的観察からすれば，日常的観察はさまざまな問題が含まれていて，検討に値しないものということになるであろう．反対に日常的観察からすれば，科学的観察は日常的観察がもつ「曖昧さ」を解消するような，秀でた観察ということになる．「曖昧な」日常的観察はこうして，科学的観察の劣位におかれることになる．

　しかし，科学的観察が有効性をそなえていることを認めたとしても，科学的観察の日常的観察に対する優越を頭ごなしに主張することには，問題が含まれているように思われる．なぜなら，両者はあくまでも，異なる課題に従事している別様の観察であるにすぎないかもしれないからだ．まず想い起こすべきことのひとつは，日常的観察はなにも，科学的な目的のために存在しているわけではないということである．日常的観察はむしろ，あくまでもその観察がなされるその都度の目的にそくしておこなわれている．したがって，それが「曖昧に」みえるのは，日常的観察というよりはむしろ，それを退け一般的な観察を進めようとする科学的観察がそなえる方針の方に問題が含まれているからであるに過ぎない．

　実際のところ，私たちは日常のなかで音楽について語ったり表現しなおしたりするときに[5]，一般的な正確さを常に志向したりはしない．次のような場面を考えてみると良い．私たちは，カラオケにおいて歌う曲の名前に言及するさいに，いちいち，それを「正確に」表現したりはしない（吉川・小田中 2018）．たとえば，KIOTO というグループの《海船》を歌うときに，一般的に正確な表現を目指し，「これから x 人組アイドルグループである KIOTO の《海船》という曲，シンガーソングライターの誰々が作詞して，第 x 回日本レコード大賞の作詩賞を受賞して，それで……」などということが逐一述べられたりすることはない——これでも一般的な正確さには程遠いであろうが．そうではなく私たちはむしろ，ときにその曲がなぜ歌われているのか，すなわち「十八番」だ

から歌うのか，ちょうど練習しているから歌うのか，あるいは「他に歌う曲がない」（Yoshikawa 2018; 吉川 2021c）から歌うのか，……等々，といったさまざまに提示される理由と結びついた仕方で，たとえば「いちばんうまく歌えるから」という理由に「海船」という表現のみを与えるといった仕方で，自らの選曲を個別具体的な場面に応じて必要十分な仕方において表現を与えたりする（吉川・小田中 2018: 5‑6）．こうして日常的観察というものはむしろ，その正確さのみを志向するという関心を，そもそも欠いているのである．

　であるなら，日常的観察が正確さを欠いていることを，その事実のみによって批判することはできそうにない．客観的観察という関心をもっているのはあくまでも科学的観察のほうであり，科学的観察の優越は，日常的観察をおこなう人びともまた「正確さ」を備えた意味を追求するという課題に常に取り組んでいるというおよそありそうもない前提によって，与えられている．以上のようにして，科学的観察が有効性をもっているように，日常的観察もまた別の「有効性」を備えているのであれば，前者の観察を頭ごなしに重要であるものとみなす前提は維持できそうにない．

　ここまで，日常的観察に対する科学的観察の優越を少なくともアプリオリに想定することはできないということを述べてきた．ではふたつの観察は，全く対称的な関係をそなえているのであろうか．

　ここで付言すべきことのひとつは，むしろ両者が備えている，科学的観察の優越とは反対の意味おける非対称性である．この点を明確にするために，音楽記号論者であるジャン＝ジャック・ナティエによる科学的観察の特徴についてのひとつの考察を参照してみたい．ナティエは自身の音楽記号論を展開するなかで，さまざまなやり方でおこなわれる楽曲分析と分析を通じて観察される楽曲の関係を論じている（Nattiez 1987＝1996: 190-238）．ナティエによれば，楽曲分析は，その分析対象であるところの音楽について語るという意味において，「メタ言語」と呼べるものである．だがこの楽曲分析という「メタ言語」は，音楽という異なる体系からなる言語について厳密なしかたで語ろうとするさいに「『楽句に関する直観的で曖昧な感情』を『楽句を区分し定義する厳密な方法論』とすり替えているという誤り」（Nattiez 1987＝1996: 206）をおかしてしまう．ナティエによれば，実際のところ，あらゆる楽曲分析は，特定の歴史や文化とのかかわりを持っている（Nattiez 1987＝1996: 215）．ゆえに分析は，いかなる場合においても「分析している当の主体そのものを括弧入れするようなこ

と」などはできず，音楽にとってどうしても「不純な」ものとなる（Nattiez 1987＝1996: 224）．ナティエが論じたように，音楽についてのあらゆる専門的分析は，最初の日常的観察に対して行使された，副次的な観察としてのみありうる．すでに論じているように，科学的観察は，日常的観察を懐疑する．しかし，この懐疑はあくまでも，すでになされた日常的観察に対してのみおこなうことができるものである．こうしたことからもわかるように，日常的観察は科学的観察にその観察の資源を与えているのであり，ゆえに科学的観察は，日常的観察のあとに可能となるようなさまざまな活動のうちのひとつであると考えるべきなのである．このように両者は，日常的観察の先行性という意味において，非対称的な関係をそなえている．

　日常的観察がふくむ「曖昧さ」とは，科学的観察との対比によって初めて生み出された「曖昧さ」にほかならない．したがって，そのような事実をもって科学的観察によって日常的観察を退けることは，できそうにない．またナティエの主張からもうかがえるように，日常的観察と科学的観察は，日常的観察の先行性という意味における非対称性を備えている．こうして，日常的観察と科学的観察が前者の先行性という非対称性をそなえているのなら，音楽を観察しようとする者もまた，科学的観察を遂行することの含意について，より省察的であるべきであろう[6]．

　日常的観察が科学的観察への資源を与えているのなら，むしろこの日常的観察それ自体を，科学的観察によって覆い隠してしまうことなく明確にしていくことこそが，音楽を観察していくための，ひとつの可能な方針であると考えることができるように思われる．そして科学的観察からみればそれは，観察の範囲を，日常の方へと拡張していくことであるだろう．そこで続けて論じていきたいのは，このとき，音楽の日常的観察とはいかなる方針でありうるかということである．

1.3 非専門家と専門家

　では，音楽の日常的観察それ自体の観察など，どのように進めていけばよいのであろうか．すでに述べたように，日常的観察はむしろ，科学的観察に先立って，すでにおこなわれているのでなくてはならない．このとき重要となるのは，目に見えず聞こえないような隠された事柄を探すのではなく，すでに見

え耳にすることができる事柄の観察に徹するということであるだろう．なぜなら日常的観察もまた，目に見えるあるいは聞こえる資源だけを利用しながら進められているのでなくてはならないからである．そしてそのような資源が，日常的観察をおこなう人びとにとだけ与えられており，科学的観察をおこなう研究者だけには与えられていないということは，ありそうにない．であるなら，科学的観察もまた，対象と方法についての研究者側の理論的な前提を，あらかじめ持ちこむ必要がないどころか，持ちこむべきではないということがいえる[7]．すなわち，すでにおこなわれている日常的観察に徹すること，このことこそが，日常的観察へとむかう，ひとつの積極的な方針なのである．

　この音楽の日常的観察が科学的観察の俎上にあげられたことは，極めて稀であるように思われる．本書は無論，このように述べることによって，日常的観察がとりくまれるべき日常生活という領域が，科学的観察においてこれまで注目されたことがないと述べたいのではない．事実，社会学者のティア・デノーラによる『日常生活のなかの音楽』(DeNora 2000) といった著作が，そのような研究の実例のひとつであるように思われる．デノーラはこの本のなかで，音楽を車のなかで聴いたり，またエアロビクスのような活動において利用したりといった，音楽の平凡にして日常的な利用について論じている．ここでデノーラが，音楽利用の日常的な様態を主題化しようとしていることは，明らかであるように思える．

　だがデノーラの方針には，日常的観察に徹するという方針に照らし合わせたときに，以下に述べるような，少なくともふたつの特徴がふくまれていることには，注意が必要である．

　第1に，デノーラが音楽における非専門家（あるいは，素人）を主要な対象にしているという点である．音楽の非専門家が，専門家とは異なるやり方で音楽を理解している場合があることはよく知られている (Cook 1990＝1992; 宮本 2006: 20)．このことが示唆しているのは，専門的な音楽経験が非専門的な音楽経験を上塗りしてしまうことがありうるということである（これはちょうど，科学的観察が日常的観察を覆い隠してしまうことがあるのと同様に，である）．このことは，音楽に対する日常的観察にアプローチすることと，音楽の非専門家による観察にアプローチすることを，同一視することはできないということを意味しているだろう．むしろおなじ「日常的な」観察でも，非専門的観察は，専門的観察のあとに可能となるさまざまな副次的な観察のうちのひとつとしてのみ，なされう

る．であるなら，先にひとつの副次的な観察であるところの科学的観察を退けたわたしたちは，非専門家による観察（だけ）を最初から主題化してしまう方針を，ここでもまた，ひとまずは退けておく必要がある．

　デノーラの議論が備えている第2の特徴は，強力な認識論的前提とともに，議論が進められていることである．デノーラはその議論のなかで，「音楽的出来事 musical event」という概念を編み出している (DeNora 2003)．デノーラはこの「音楽的出来事」という表現を利用することによって，人びとがいかにして音楽を「構築」しているかを主題化していく，という方針を提示している (DeNora 2003: 49)．こうした関心を遂行するためにデノーラは，「音楽的出来事」を「出来事の前」「出来事の最中」「出来事の後」の3つの時間に分割し，「出来事の最中」に含まれる「行為者（A）」「音楽（B）」「音楽にかかわる行為（C）」「Cの局所的な条件（D）」そして「環境（E）」といった要素に多角的に目を向けるべきであることを主張している．

　デノーラ自身が実演的に示しているように，「出来事」を図式的に理解することによって明らかになることは，決して少なくないだろう．しかし，すでに述べたように，このような理論的な図式をアプリオリに持ち込んでしまうことは，人びとがすでにおこなっている観察を覆い隠してしまう可能性がある．この意味で，デノーラの方針を引きうけることは，音楽における非専門家たちに着目するのを保留したうえで専門家に着目するといった場合でさえ，日常的観察をあとづけていくことの障壁となりうる．私たちは，単に観察対象を日常的観察へと修正していくだけではなく，そのことを，方法論的な前提を捨てることとともに進めていく必要があるのである．

　日常的観察の明確化とは，研究者の専門性とは異なるような，実践者たちの専門性を積極的に獲得していくこととともにあるとしたとき，この専門的な観察などというものを十分に跡づけていくことには大きな困難がともなっているように思えるかもしれない．しかし，こうした困難が原理的な困難であると，つまり解決が不可能な困難であると考える必要はないように思える．たしかに専門的な実践としての音楽とは，明らかに観察が困難であるように見えるもののひとつであるだろう．ゆえに観察者もまた，実践において何が起きているかをなんらかの意味において理解できることとともにその観察を跡づけていく必要があるはずであろうし，当然ながらこのような観察には，それに先立って，研究者もまた音楽観察における専門性を獲得することを要請する．とはいえ，

12

困難であることが不可能であることを意味するわけではない．専門性をそなえた実践者たちがそもそも然るべき過程を通じて専門性を獲得しているのであれば，この要請はむしろ，分析に際する積極的な要請（つまり，研究者もまた実践者たちのふるまいを理解するために，専門性を積極的に身につけるべき）であると考えるべきである[9]．当然，いかなる観察がおこなわれているかが研究者には「理解ができない」といったような局面は，たしかに生じる．けれども，それもまた観察の明確化という方針の不可能性を例示するような局面と考える必要はない．なぜなら，何かが「理解ができない」こともまた，そのように観察可能 observable な，日常生活におけるひとつの出来事であるからだ．したがって，このときもまた重要なのは，こうした見かけ上の困難を，研究を進めていくうえでの原理的な困難と取り違えないことである．むろん，分析をすすめ理解が深まるうちに，必要に応じて最初の観察を改めていくということが求められる場合もあるだろう．重要なのは，素朴に何かがわかってしまうことも，あるいは専門性が習熟を必要とする事柄であることも，そしてなにかが「わからない」場合があることも，そのいずれもが私たちの日常生活の一部にほかならないということである（吉川 2021b）．したがって，これらはむしろ，日常的観察に徹するという方針が研究者たちへと必然的に要請する条件と考えるべきである．目の前に理解を進めていくうえでの困難があるとしても，そこにあるのは原理的な困難というよりはむしろ，実践的な困難と考えるべきなのである[10]．

1.4　エスノメソドロジー

　音楽における日常的観察それ自体をあとづけていくために，その専門性それ自体に，積極的対象として接近していくこと，こうした方針を，音楽活動のなかのエスノメソドロジーを解明していく作業であると表現することが可能であるように思われる．エスノメソドロジーとは，理解可能な現象を，その現象を編成するために利用されている方法論ならびにその方法論を解明する研究プログラムの両方（浜 2004）を指示するために，アメリカの社会学者であるハロルド・ガーフィンケル（Garfinkel 1967）が案出した表現である．本節では，エスノメソドロジーの基本的な着想の要点を，ガーフィンケルとその周辺の研究者によるいくつかの著作や論文を紐解くことを通じて，本書の主張にかかわる範囲で説明しておきたい[11]．

　ガーフィンケルはエスノメソドロジーの端緒となったその著書『エスノメソ
ドロジー研究 *Studies in Ethnomethodology*』において，「インデックス的表現
indexical expressions」について論じることから，議論を開始している．社会
生活を営む人びとは，さまざまな表現を使用することを通じて，社会生活を営
んでいる．しかし，人びとがしていることを科学者たちが探求しようとすると
き，科学者たちはしばしば困難に直面してしまう．なぜなら人びとが使用する
そうした表現は，一見して「曖昧な」ものに見えるからである．あらゆる表現
は「インデックス性（文脈依存性 indexicality)」を備えているのである (Garfinkel
1967: 4‐7)．こうした理由により，人びとが何をしているかを知りたいと考え
る科学者たちは，インデックス的表現を「客観的表現 objective expressions」
に置き換えることによって，初めて科学的な探求が可能になると考える．
　だがこうした「曖昧な」表現を不十分なものとまで考えてしまうのは，実の
ところ，「奇妙な」(Sacks 1963＝2013: 77) ことである．なぜなら，私たちが使用
する表現が客観的であれば事足りるわけではないことは少し考えてみれば，明
らかであるからだ．こうした事情を理解するためには，ガーフィンケルととも
にエスノメソドロジーの創始にかかわった，ハーヴィ・サックスによるある講
義 (Sacks 1992: 519-22) での観察を紐解いてみるのがよい．講義のなかでサック
スは，発話のなかの「ここ」や「それ」などといった指示語を，それが指し示
す本来の名詞に置き換えてしまうことが，その指示語によって何をしているか
を見えにくくしてしまうことを指摘している．たとえば「あなたはここで何を
しているのですか」(傍点は筆者による) という表現でおこなっていることを
「あなたはグループセラピーで何をしているのですか」(同じく，傍点は筆者によ
る) という表現によっておこなうことはできないだろう．というのも，前者に
対して「グループセラピーです」と答えることはできても，後者に対して同じ
答えを与えることはできそうにないからである (Lynch 2019)．前者においては
「ここ」と呼ばれているものが，後者において「グループセラピー」というよ
り客観的な表現に置き換えられているにもかかわらず，である．こうした着想
から想い起こされるのは，人びとはむしろ，多様な表現を使用することを通じ
て曖昧なことをしているのでなく，異なることをしているに過ぎない，という
ことである．サックスの表現を借りれば，人びとは表現の「正確さ correct-
ness」ではなく，いわばその「適切さ relevance」に志向しているのである
(Sacks 1992)．

14

　このように，人びとは，単に科学者たちとは異なる実践的課題に対処しているに過ぎない．人びとがしていることを探求するのが難しいように見えるのは，人びとが曖昧な表現を用いているからではなく，そもそも科学者たちが使用するために用意されたわけではない表現を，科学者たちが使用するための表現に置き換えようとするからである（浜 2004）．ガーフィンケルは，あらゆるインデックス的表現が備えているような，それらの表現とそれが用いられる場面とを切り離すことができないという特徴を「相互反映性 reflexivity」と呼んでいる．この表現が意味するのは，次のようなことであると考えればよい．すなわち人びとは，インデックス的表現の使用を通じて何事かをなしているだけでなく，インデックス的表現それ自体が，その使用を通じて達成されている何事かに，適切な仕方で埋め込まれている．こうした表現が備える相互反映的な性格を踏まえるのであるなら，人びとがインデックス的表現を用いることによって何事をなしているかを知ることと独立したかたちで表現の意味を特定することによってでは，人びとが実際にしていることの詳細を見失ってしまうだろう．

　ここで注意をしておかなくてはならないのは，ガーフィンケルとサックスにもとづく上記の勧告を，ある表現の意味内容を，科学者の方でなく，人びとの方がどのように定めているかを明らかにすべきということを推奨する勧告であると受け取るべきはないということである（石井 1996）．なぜなら人びとは日常的な態度において，自分たちが使用しているさまざまな表現が持つ意味内容をその都度確定させるという関心を，そもそも欠いているからである．ガーフィンケルはこのことを，以下のように表現している．

　　　［……］ある問題は，しかしながら，かれら［成員］の関心からは排除されている．すなわち，実践的行為と実践的状況それ自体は唯一の探究すべき問題であるどころか，ひとつの問題ですらない．ましてやかれらの探求は，社会学的理論化という課題に向けられることも，それらの課題が実践的行為として何から構成されているのかということの定式化をひきうけることもない．（Garfinkel 1967: 7 ［下線は筆者による］）

　ガーフィンケルがその観察を通じて主張するのは，人びとが常に意味の確定（定式化）に取り組んでいるとする想定は，それ自体がそもそも擬制的な想定であるということである．ガーフィンケルとサックスは「実践的行為の形式的構造について」と題された共著論文（Garfinkel & Sacks 1970）において，こうした

擬制的な想定のもとに進められる科学的な分析のことを，人びとが現実におこなっている日常的な実践と対比するかたちで，「構築的分析 constructive analysis」と総称している．

> 実践的社会学的推論を修復するというプログラムは，以下のような専門的な社会学研究に特徴的な営みにおいて特定されている．統一的な社会学理論の精緻化と擁護，モデルの構築，費用対効果の分析，局所的に知られた場面での経験をもとに広い状況を収集するために自然のメタファーを使用すること，推論の経験的な図式として研究室的状況を利用すること，自然言語の営みの頻度や再産出可能性あるいは効果についての図式的報告ならびに統計的評価，及びそれらを利用する様々な社会配置の営みなどである．私たちはそうした専門的社会学の実践的技術を便宜的に「構築的分析」という用語でまとめたい．(Garfinkel & Sacks 1970: 340 [下線は筆者による])

このように，ガーフィンケルの勧告は，「客観的な」意味づけを退けることによって人びとがなす「主観的」な意味づけを推奨するための勧告なのではない．それは，そもそも意味の確定などといった作業に端からコミットすることを避けることから開始することによって，科学的態度における実践の探求から日常的態度における実践の探求を推奨するための勧告なのである（石井 1996: 47）．

すなわちエスノメソドロジーが取りくんでいるのは，人びとがさまざまな表現を用いることによって，状況の非決定性をいかに制御——確定ではなく——しているのかということを，日常的態度において明らかにすることである．ガーフィンケルとサックスは，人びとが表現を使用することを通じておこなっていることを「注釈 glossing」と特徴づけている（Garfinkel & Sacks 1970: 362-6）．この表現が意味しているのは，人びとはさまざまな表現を使用することを通じて，そうした表現が使用されている場面を明示したり，他の人が使用した表現についての自らの理解を示したり，ときにはそれを隠したりするといったことをおこなっているということである．ガーフィンケルたちが示したのは，日常生活において，科学者たちに先立ち人びとによる「研究」がすでにおこなわれているということ，そして，おこなわれている「研究」それ自体を跡づけていく（すなわち「研究」を「研究」する）という方針がありうるということなの

16

である.

　ガーフィンケルは，こうした人びとによって日常的な態度においてすでにお
こなわれている研究を明確にするという方針に，「エスノメソドロジー」とい
う表現を与えている（Garfinkel 1967）[13]. エスノメソドロジーは，インデックス性
を備えた表現が，表現同士が織り成すいかなる相互反映的な結合関係に埋め込
まれることを通じて——すなわち，いかなる方法を通じて——理解可能性を備
えた現象として編成されているかということそれ自体を明確にしていく．最後
に，ガーフィンケルがその著書『エスノメソドロジー研究』においておこなっ
たエスノメソドロジーという言葉の説明を引用しておこう．以下の引用におい
て述べられているように，エスノメソドロジーとは，科学的な探求に先だって
遂行されているような理解可能な現象を編成するやり方のことであり，その日
常的な編成それ自体を丹念に記述していく研究プログラムに与えられた名称な
のである.

　　私は「エスノメソドロジー」という言葉を，インデックス的表現などの
　　実践的行為の合理的特性を，日常生活において編成された巧みな実践によ
　　る偶然的にして継起的な達成として探求する研究を指し示すために用いる.
　　（Garfinkel 1967: 11）

1.5 　本書の目的

　本書の目的は，音楽という現象の特徴を明確にしていくことであった．ここ
まで述べてきたように，本書はそれを，音楽の日常的にして専門的な観察それ
自体を明確にしていくという作業，すなわち音楽活動のなかのエスノメソドロ
ジーを明確にしていく作業としてすすめていく.

　このとき重要となるのが，音楽活動のなかのエスノメソドロジーを，具体的
な事例にそくして，すなわち経験的研究として解明していくということである.
なぜなら，人びとの経験は複雑でありえ，ゆえにそれを想像にもとづいて作り
出された事例の検討などを通じて検討することには困難がともなうと思われる
からである（Coulter 1983; 西阪 1998）．このように考えたとき，音楽の「演奏」，
「創作」，そして「聴取」といったさまざまな活動のみならず，音楽「作品」や
それらについて言葉で「語ること」などといった，さまざまな場面が，エスノ

メソドロジー研究の対象となりうる.

　こうしたことを踏まえたうえで，本書では音楽スタジオやそれに類する場所¹⁴⁾での「練習」場面における音楽の「演奏」という活動に着目することによって，研究をすすめていきたい¹⁵⁾. 民族音楽学者のチャールズ・カイルは，「音楽」と「音楽作品」とを同一視した音楽学者レナード・マイヤー (Meyer 1956) に対する反論をおこなうなかで，具体化された音楽としての「演奏」という領域を主題化している (Keil 1966). カイルの研究をひとつの端緒として，民族音楽学や人類学といった領域において，音楽の演奏という活動における相互行為の詳細が，探求されている (分藤 2010; 都留 2010; 野澤 2010). 音楽の演奏は，音楽が最初にそこから生じるようなひとつの活動であり，そして練習場面は，人びとがそのような演奏に対して注意を向けているような際立った場面のひとつであるように思われる¹⁶⁾. ガーフィンケルはエスノメソドロジー研究を，人びとがおこなっている実践的研究が明確に観察できることが期待できるような「明白な場面 perspicuous settings」においてすすめることを勧告している (Garfinkel 2002). 練習における演奏という活動は，日常的な音楽の観察を明確にするためのひとつの明白な場面を構成すると思われる.

　以上のように，本書は練習場面をフィールドとして，演奏のエスノメソドロジーを明確にしていくことによって，音楽という現象を特徴づけていく.

　本書は，以下のような理路をたどる. つづく第 2 章では先行研究を検討し，練習場面を対象とした既存のエスノメソドロジー研究において言葉を使ったやりとりが主として分析されていることを示す. そのうえで，楽音といった別様の対象をその構成にそくして跡づけていくという方針を提示する. 第 3 章では，エスノメソドロジー研究の方法論にかかわる理論的な考察をおこなう. エスノメソドロジー研究において利用されるさまざまな技術にかかわる議論を収集・分析することを通じて，専門的技術と日常的実践を探求することの関係を示す. つづけて，経験的研究をすすめる. 第 4 章では，演奏の直前における参加者たちのふるまいに着目し，そこで利用されている方法を分析する. 具体的には，演奏の参加者たちが演奏の開始点をどのように調整しているかを明らかにすることで，演奏という共時構造をいかにして準備しているかを明らかにする. 第 5 章では，リハーサルにおいて音楽家たちが利用する音楽的なフレーズが，意味を持つようになるひとつの過程を分析する. より具体的には，練習において音楽家がフレーズの弾き直しを繰り返しおこなう場面を分析し，それらの弾き

直しがどのように理解可能なものとなっているかを明らかにする．第6章では
音楽活動における「ピッチを合わせること」という基盤的な現象がいかにして
達成されているかを，音楽家自身が従事しているひとつの日常的な課題にそく
して特定する．ここでは，複数人でおこなわれるチューニング場面のビデオ
データとその断片から作成されたトランスクリプトを利用することで，音楽家
たちが，チューニング活動において，自らの楽器における音高がすでに調整さ
れていることを標示するための表現形式が利用されていることを例証する．第
7章では，ひとりでおこなう演奏の公的な理解可能性を解明していくことを通
じて，ひとりでおこなう練習の特徴を明確にする．この章では，筆者みずから
の練習場面を対象として，ひとりでおこなう演奏のビデオデータを分析するこ
とで，適切なメロディを産出することや演奏における誤りを訂正するためのさ
まざまな規則が，練習のなかのひとつのふるまいにおいて多層的に利用されて
いることが明らかになる．第8章では，本書の結論が提示される．この章では，
本書の分析がエスノメソドロジー研究における会話分析や演奏分析を展開する
ものとなりうることや，本書が明確にした音楽という現象の特徴を提示する．

注

1）こうしたものの例としては，古典的には，音楽が言語における抑揚から発生したと主
張することによって社会化の過程を論じたゲオルグ・ジンメル（Simmel 1882＝1968）
や，音律の変遷を論じることによって近代社会の特徴を捉えようとしたマックス・
ウェーバー（Weber 1956＝1967）がそうであるといえよう．こうした研究には，流行
歌の歌詞分析を通じて近代人の心情を明らかにしようとした見田宗介の古典的な業績
（見田 1967）を含めることもできるだろう．

2）むろん本書が提示するアドルノについての理解は，ひとつの理解であるにすぎない．
実際，アドルノがマーラーの交響曲やヘーゲル思想の関連についてどのように考えてい
たかという点については，より多様な議論が存在している（e.g. 上野 2017: 42-6；片
上 2018: 188-9）．

3）実際のところ，宮本直美（2006: 17）や吹上裕樹（2015: 22）といった社会学者たち
は，ジルバーマンとアドルノの立場の違いを「論争」的なものとして提示している．と
はいえジルバーマンとアドルノとが実際に音楽社会学の対象をめぐって文字通りの「論
争」をおこなったかという点は，それほど明瞭ではないように見える．

4）ここでは詳述しないが，「音楽」という表現が指し示す対象は加えて，専門的研究に
おいてやや過剰な仕方で拡張されていったという側面があることを付言しておきたい．
すなわち，一方においてそれは個別の作品の「外部」に広がる活動の「総体 assem-
blage」へと分散的に捉え直され——こうした方向性は，音楽を具体的事物であるとこ

ろの媒介 medium とみなす一連の議論（Born 2005; Hennion［1993］2007＝2015）において顕著である——，また他方においてそれは社会的活動と等置されることでその実在自体が解消される——こうした方向性は，反対に，音楽の実在を社会過程や「音楽すること musicing」に置き換えることで解消しようとする一連の議論において顕著である（Becker［1983］2008＝2016; Small 1998＝2011）．音楽を社会的活動の総体との関係において捉え直そうとするこれらの議論には学ぶべきことが多いが，これらの研究もまた，「音楽」という概念の日常的な用法に対する懐疑を前提としているという共通点を備えている．

5）あるいは，次のような事例を参照してみてもよい．社会学者の小泉恭子は，近畿地区の高校生たちへの聞きとりを通じて，「好きな音楽」について語るさいかれ／かの女らが，場面に応じて適切な音楽を選びとりながら語っていることを報告している．小泉によれば，高校生たちの「好きな音楽」は，3 層の構造からなっていた．すなわち，個人的な嗜好にもとづく「パーソナル・ミュージック」，同世代に共通する「コモン・ミュージック」そして異世代をつなぐ「スタンダード」である（小泉 2007: i）．小泉の観察によれば，ある高校生女子は，教室という「フォーマルな空間」において自らの「パーソナル・ミュージック」については語らず，洋楽という「コモン・ミュージック」について語ることによって，自らの「ホンネ」を提示することを避けていた（小泉 2007: 49-55）．反対に，レコード店という「インフォーマルな空間」において高校生女子たちは，ヴィジュアル系バンドのコスプレをすることを通じて，彼女らの「パーソナル・ミュージック」を提示すると同時に，男性中心的なロックバンド文化に対するオルタナティブを実践する（小泉 2007: 173-88）．ここで高校生女子たちは，自らの正確な好みでなく，適切な好みを状況に応じて語っていることは明らかであるだろう．

6）なお日常生活世界と科学的世界を対照することの端緒は，エトムント・フッサール（Husserl 1956＝1995）にある．平易な解説としては，浜日出夫（2017b）を参照のこと．

7）音楽を観察する際に西洋音楽にかかわる認識論的前提を持ち込むのでなく，対象がそなえる存在論などに目を向けることの重要性を主張することは，民族音楽学や世界音楽の研究においてごくありふれたものとなっている（Bohlman 2002＝2006）．

8）音楽的出来事については，本書第 5 章において，再び言及される．また，この概念についての平易な解説や経験的研究への展開としては，西島千尋（2015: 24-6）や吹上裕樹（2015: 34-6）などを参照のこと．

9）民族音楽学においてこの専門性にかかわる議論は，マントル・フッドの「複音楽性 bi-musicality」概念（Hood 1960）によって主題化され，ジョン・ベイリーの「多音楽能力 intermusability」概念（Baily 2008）によって展開された．一連の議論についての音楽学者による平易な解説として，徳丸吉彦（2016a）によるものがある．

10）本書では主題化しないが，類似の問題は，民族音楽学がそうであるように，空間的に遠く離れた音楽や観察を明確にしようとしたりするような研究や，歴史学的な音楽研究がそうであるように時間的に隔たった音楽を明確にしたりするような研究をすすめていくときに顕在化する．こうした研究では，主に参与観察を中心としたフィールドワークや綿密な史料調査を通じて，対象に習熟することによってフィールドや史料における観察が可能となる．このときもまた，何かが「理解できない」こともまたひとつの理解可

20

能な現象であることは変わらない.

11）エスノメソドロジーについての解説や総説はすでに多数存在しており，本書における解説の前提となっているエスノメソドロジー理解もまた，既存の出版物（池谷 2002; 浜 2004, 2017b; 岡田 2005; 石井 2009; 前田 2017）に多くを負っている．また，平易な教科書（前田・水川・岡田編 2017）も編まれている．エスノメソドロジー一般の説明については，それらの文献を参照されたい．

12）もちろん人びとは，意味内容の特定という関心を，常に欠いているというわけではないだろう．ガーフィンケルとサックスは，そうした「自分たちが何事をなしているかを，言葉を使って述べる」（Garfinkel & Sacks 1970: 351-3）といった営みを「定式化をすること formulating」と呼び，日常的なやりとりにおいてしかるべき時に開始されるような，ひとつの作業であるとする．

13）エスノメソドロジーという表現それ自体の由来については，その表現を編み出したガーフィンケル自身による説明（Garfinkel [1968] 1974＝1987）を参照されたい．

14）この点は詳述しないが，本書の研究が具体的なフィールドとして主に音楽スタジオやそれに類する場所を舞台としていることには，偶然以上の含意があるように思える．こと西洋近代世界において，典型的な音楽スタジオとはそれ自体，広さ，立地，そして音響設備等の観点において，音楽をこそそこで取り組まれる中心的活動にすえることが強く志向されたデザインを備えているような空間であるだろう．音楽スタジオはまた，コンサートのパフォーマンスであれ，音響メディアの制作であれ，音楽のさまざまな創出にかかわる社会過程を直接観察するための，具体的な諸局面を詳らかにすることにも結び付きうる．こうしたことに鑑みれば，音楽スタジオを対象とした経験的研究というものを構想することは，音楽を中心的な関心にすえるような活動の特徴や，それにかかわるさまざまな社会過程を明確にするような作業に直接結びつくことを，示唆するものである．音楽活動が取り組まれる際にはさらに，しばしば任意の場所を，いわばスタジオのようなものとして利用するという局面があることを付言してもよい（第 7 章; cf. 佐本 2021）．こうしたものも含めれば，音楽スタジオというフィールドをその類比的なものも含め研究するという構想を，具体的活動としての音楽研究における極めて重要な位置にすえることもつながるだろう．このことはまた，スタジオの研究というものが，科学人類学や科学社会学におけるいわゆる「研究室研究 laboratoly studies」が果たしたような，さまざまな隣接分野の結節点のような役割を果たしうることを，示唆するものだ．こうしたことを踏まえれば，本書の試みは，近年，音楽を主題化する社会学や文化人類学において「研究室研究」との類比において発展しつつある，いわゆる「スタジオ・スタディーズ Studio Studies」（Farías & Wilkie, eds., 2015）を具体的に展開する試みとして，位置づけることも可能であるだろう．実際のところ，本書における調査がおこなわれた具体的なフィールドは，主として，練習用の貸しスタジオ（第 4-5 章），非営利・非公開の映像スタジオ施設（第 6 章），著者の自室（第 7 章）などである．

15）なお筆者は，幼少のころから，主としてクラシック音楽の演奏や音楽理論の独習というかたちで，断続的に音楽活動に従事してきた．フィールドワークにもとづく経験的な研究がわたしたちに教えてくれるように，ふつう音楽家たちは，さまざまな訓練を通じて，音楽的な能力に習熟していくものである（Becker [1983] 2008＝2016）．そしてこ

のことが，音楽の研究をする研究者たちがなんらかのレベルにおいて音楽の専門性
(Hood 1960; Bailey 2008) を持つことを要請するのはあきらかである．この意味におい
て，本書は，練習実践の成員として「日常言語の習熟」(Garfinkel & Sacks 1970) にお
いて取り組まれている．ガーフィンケルは，エスノメソドロジーの研究プログラムにつ
いて詳細に説明した著作（Garfinkel 2002）において，分析者が実践に参加できる能力
をそなえていることを，エスノメソドロジー研究が可能となる要件のひとつに挙げてい
るが，本書はこうした要件を，ひとまずは満たすものとなっているといえるだろう．

16) ヴァーノン・ホワードは，練習 practice という概念を省察的に分析するなかで，そ
の活動において自己観察などがいかにして組み込まれているかについて論じていること
を付言しておく（Howard 1982）．

第 **2** 章

先行研究の検討
──練習場面における演奏分析にむけて──

2.1 本章の目的

　本章の目的は，音楽にかかわるさまざまな活動におけるエスノメソドロジーを対象とした既存の研究を概観することを通じて，それら研究が備える特徴を明らかにすることである．

　第1章で述べてきたように，本書の目的は，音楽にかかわる日常的活動の編成を，エスノメソドロジー研究の方針において遂行することである．こうした作業を通じて本書は，音楽を観察するという課題が，日常的活動において，いかにしてすでに達成されているかを，明確にしていくことをめざしていく．

　そこで本章では，本書の調査と分析に先立って，音楽にかかわる活動におけるエスノメソドロジーを対象とした経験的研究を概観する．こうした作業を通じて，本書が採るべき方針を，より明確にしていきたい．

　本章における検討は，次のように進められる．まず2.2では，本章の検討作業に先だって，音楽にかかわる活動のエスノメソドロジー研究が，これまで，どのように特徴づけられてきたかを確認する．2.3では，音楽にかかわる活動のエスノメソドロジー研究の通時的展開を概観し，既存の研究が，これまでいかなるフィールドや研究手法を通じて遂行されてきたかを明らかにする．2.4では，いくつかの研究を検討することで，これまでの研究が明らかにしてきた現象が，活動において利用される資源や活動を構造化する方法がそなえる特徴の観点から，いくつかのタイプを構成していることを明らかにする．2.5では，それらのタイプのうちのひとつを「演奏分析」と表現したうえで，こうしたひとつのタイプが明確になることの含意を，2.2における既存の議論とのかかわりにおいて論じる．そのうえで，2.6では，本書が，音楽にかかわる日常的活動の編成を明らかにしていくという課題を遂行するために，練習場面における

演奏分析に取りくむことが論じられる.

2.2　先行研究

2.2.1　音楽のエスノメソドロジー研究と科学的研究

　音楽にかかわる活動のエスノメソドロジー研究は, 音楽社会学をはじめとした, 既存の科学的研究との対照において特徴づけられてきた (Lynch 1993＝2012: 313; Lynch 2011: 933). エスノメソドロジー研究を創始したハロルド・ガーフィンケルの高弟マイケル・リンチによれば, ガーフィンケルは, ハワード・ベッカーといった音楽に関心をもつ社会学者が研究対象となっているジャズ・ミュージシャンたちによる言語的・慣習的実践を記述する一方で, 具体的な音楽演奏をその対象として「見失っている」ことの奇妙さを指摘していたという (Lynch 1993＝2012: 313). こうした点を理解するために, リンチは, ベッカーによる研究 (Becker 1951) を, デヴィッド・サドナウによる即興演奏研究 (Sudnow 1978＝1993) と比較することを推奨している (Lynch 1993＝2012: 428). ここで主張されているのは, 両者が, 異なる対象を扱っているということであるように思われる. すなわち, 具体的な活動としての音楽演奏と言語活動があり, 科学的な社会学者が後者を (ただし抽象的な社会過程として) 特定するのに対して, エスノメソドロジー研究は前者を主題化するというわけである. こうした見たてのもと, 音楽社会学が「見失って」きた具体的な演奏活動を特定しなおしていくという方針が提示されることになる.

　しかしながら, こうした対照関係は決して誤りではないにせよ, ひとつの混乱 (または困難) を含んでいるように思われる. なぜなら, いまや音楽社会学をはじめとした科学的な研究もまた, 音楽作品や演奏といった具体的な活動としての音楽制作 music making へと, その関心を向けはじめているからである. さらには, 音楽教育や民族音楽学といった分野の研究者のほうが, エスノメソドロジー研究に関心をもつということも少なくない (マクガレル 1987; 曽田 2018; 植村 1993). こうした動向をふまえれば, いまや両者を, その研究対象において対照することはできそうにない.

　リンチは実際, 音楽のエスノメソドロジー研究とフィールドワークにもとづく音楽研究とがその課題を少なくとも部分的には共有しうると考えていたようである. なぜなら両者はともに, 対象となっている音楽活動を, 研究者の西洋

24

近代的な「物差し」によって上塗りしてしまわないことを目指しているからである（Lynch 1993＝2012: 372）．リンチはこの点を明示的に論及してはいないが，このような定式化はたしかに，それなりにもっともらしいものだ．なぜなら，たとえば人類学的な志向をそなえた音楽研究はその対象を，自律性をそなえた客体としての「音楽」からその周辺の行為／活動からなる「出来事」としての「音楽すること musicking」（Small 1998＝2001）へと拡張していくことによって西洋近代的な「音楽／作品」概念を相対化すること（Hennion 2003＝2007, 諏訪 2012; 中村 2013, 2017; 野澤 2013a; 田森 2015; 吹上 2015）を強調しているし，民族誌家がビデオなどといった機材を手にフィールドにおける音楽活動を会話分析さながらの詳細さにおいて記述していくことは，ごくありふれたものとなっているからである（都留 2010; 分藤 2010; 梶丸 2013; 吉田 2018）．

　人類学を志向する音楽研究が音楽学的な客体を，その周辺の出来事へと配分してゆくこうした志向を備えているということには，それなりに必然的な事情を認めることができよう．よく知られた定式化としては，フィリップ・ボールマンが，世界音楽を理解するためには，古典的な音楽学に対するオルタナティブとしての認識論／存在論を明確化することで西洋近代音楽におけるそれを相対化することが必要であることを論じている（Bohlman 2002＝2006: 37-42）．またジョージナ・ボーンは，音楽を時空間の総体 assembridge の中に捉えなおしていくという西洋的な音楽美学に由来する問題提起を人類学的に展開するための作業を，行為主体性の連鎖的な構成過程を形而上学的に論じたアルフレッド・ジェル（Gell 1998）による芸術論の援用を通じて試みている（Born 2005）．こうしてボールマンやボーンの態度において示されているように，人類学的な志向をそなえた音楽研究が西洋近代的な音楽観念の相対化を試みるという態度は，いまやひとつのありふれた態度となっている．

　このように，エスノメソドロジーと近年における人類学を志向した音楽研究は，明示的にということであれ，あるいは暗示的にということであれ，いわば研究対象の志向それ自体を志向することとでもいうべき，互いに類似した見かけを，少なくとも部分的には備えているように思える．それでは音楽活動を対象としたエスノメソドロジー研究と人類学的な志向をそなえた音楽研究はいまや，その差異を失いつつあるのだろうか．リンチの議論が帰結するこの「見え」は，エスノメソドロジーと科学的研究との対比を，音楽演奏と言語活動との対比に重ね合わせていることによってもたらされているように思われる（こ

れこそが，先に混乱（あるいは困難）と呼んでおいていたものにほかならない）．そして
この混乱はまた，解消しておくべき混乱でもあるように思われる．なぜなら，
こうした混乱によって，音楽にかかわる活動のエスノメソドロジー研究の特徴
を捉えそこねてしまう可能性があるからだ．目下の混乱を解消し音楽にかかわ
る活動におけるエスノメソドロジーを対象とした研究の特徴を明確にしていく
こととは，人びとと音楽にかかわる活動との関係を，的確に捉えなおしていく，
ということでもある．

　そこで本章では，音楽にかかわる活動のエスノメソドロジー研究を概観して
いく作業を通じて，そのような研究がそなえる特徴を明確にすることを試みた
い．こうした作業はまた，音楽のエスノメソドロジー研究と科学的研究の関係
をあらためて考察することも可能にするだろう．

2.2.2　エスノメソドロジー研究における音楽

　すでに述べたように，本章では，音楽にかかわる活動におけるエスノメソド
ロジーを対象とした研究自体を検討する．しかしながら，音楽にかかわる活動
を対象としたエスノメソドロジー研究全体を概観する主だった試みは，これま
でにはなかったようである．

　検討作業に先だってひとつ付言しておけば，音楽にかかわる活動のエスノメ
ソドロジー研究を概観する試みがなかったことはなにも，エスノメソドロジー
研究が音楽という現象を軽視してきたということを示すわけではない．実際の
ところ，ガーフィンケルは，音楽やそれにかかわる現象に繰りかえし言及した
人物のひとりであるように思われる．たとえばステイシー・バーンズは，1970
年代末におけるガーフィンケルからのある提案を回顧している．それは，現象
の理解可能性が方法的なワークを通じて達成されていることを学生が理解する
のを支援するために，講義の冒頭においてヨハン・セバスチャン・バッハ作曲
による《ブランデンブルク協奏曲第5番》を流すというものであった（Burns
2012: 181-2）．またガーフィンケルの論文や著作においては，ブライアントと
いう学生がメトロノームにあわせて手をたたく場面を録画／録音するエピソー
ドについての議論が繰りかえし登場する（Garfinkel & Wieder 1992: 189-92; Garfin-
kel 2002: 150-3）．ガーフィンケルによる著作の編者であるアン・ロールズも要
約しているように，ここでの要点は，「メトロノームが拍を打つまさにそのと
きに手を叩くという活動は，それが当人によって編成されていたとしても，録

音から取り戻すことはできない」(Rawls 2002: 34) ということにある．このように，ガーフィンケルにおいて音楽は，現象がそれを構成する方法的活動とともにあることを想い起こさせるための，ひとつの「際立った事例 cause célèbre」(Hester & Francis 2007: 6-8) と見なされていたのである．

とはいえ，こうしたいくつかのエピソードがあることを差しひいて考えたとしても，わたしたちが音楽について知っていることは，あまりにも少ないというべきだ．ボブ・アンダーソンも主張しているように，協同的な音楽制作は，エスノメソドロジー研究において，明らかに主題化されてこなかった対象のひとつであるだろう (Anderson 2016)．ガーフィンケルもまた，音楽にかかわる活動を，実際に分析したわけではない．音楽がどのような特徴をそなえた現象であるかということや，私たちにどのようなことを教えてくれるのかといったことは，必ずしも明らかではない．

音楽という現象が備えている重要性は，あくまでも音楽という活動の特徴を実際に明らかにしていくという作業を通じて明らかにされるべきである．本章の検討作業はこうして，エスノメソドロジー研究において，音楽の研究がどのような価値をそなえているかを明確にするということにも結びついている．

2.3 研究の概観

2.3.1 1970年代以降——省察にもとづく報告

以上をふまえ，本節ではまず，音楽にかかわる活動のエスノメソドロジー研究を，利用されている研究手法やフィールドの観点から分類し，その展開を年代にそって概観していく[1]．

音楽にかかわる活動のエスノメソドロジー研究は1970年代に開始されたが，それはまず，「省察にもとづく報告」とでもいうべき特徴をもっていた．その端緒となったのは，「ブルースを聴くこと」と題された1974年の論文であり，この論文においてデヴィッド・ハッチとロッド・ワトソンは，通常の能力をそなえた成員 competent member としての「ブルース愛好家」たちが，さまざまなタイプのブルース曲を分類するときに利用している規則や手つづきを定式化することを試みている (Hatch & Watson 1974)．つづけて，1978年にはサドナウ[2]が，自身がジャズ・ピアノにおける即興演奏能力を獲得していく過程を，「現象学的に」記述することを試みた (Sudnow 1978＝1993, 2001)[3]．

2.3.2　1980年代以降——「音楽空間」における対面的相互行為

1980年代以降になると，音楽にかかわる活動におけるエスノメソドロジー研究は，おそらく70年代より隆盛した会話分析（Sacks, Schegloff, & Jefferson 1974＝2010; Schegloff, Sacks & Jefferson 1977＝2010）の影響をうけつつ，対面的相互行為の分析として遂行されるようになる．こうした研究は，今日にいたるまで，もっとも主流の研究群のひとつとなっている．主なフィールドはリハーサルやレッスンをはじめとした練習場面であったが，本番におけるパフォーマンス場面もまた，分析対象となった．こうした研究を，音楽が実践される空間のさまざまなタイプを検討した人類学者のジョン・ハヴィランドにならい，「音楽空間 musical spaces」（Haviland 2011）における対面的相互行為の分析と（要約的に）表現しておこう．

こうした「音楽空間」での相互行為分析の研究において最初に主題化されたのは，クラシックのオーケストラによるリハーサル場面において，楽譜を具体的な演奏として「活性 activate[4]」していく活動である．ピーター・ウィークスは，1982年の博士論文を端緒として，指揮者と楽器奏者たちが相互行為を通じて練習における演奏のテンポ変化を形づくったり，楽節を訂正したりする活動を分析している（Weeks 1982, 1990, 1996a; cf. Weeks 1985）．またキャサリン・パートンは，指揮者と演奏者たちが，演奏している楽曲についての認識の勾配 epistmec gradient を解消していく場面を分析している（Parton 2014）．近年では，オーケストラのリハーサル場面の研究の関心は，障碍者オーケストラ（正井 2015, 2017）や古楽オーケストラ（吉川 2016）といった個性的な関心をもった対象に拡張している[5]．

また，こうしたクラシックのオーケストラ以外のリハーサルも，分析の対象となってきた[6]．エリザベス・キーティングは，バンドの練習を対象として参加者による自己修復を含んだ発話の特徴を分析し，特にリハーサル場面における「提案」や他者訂正が自己修復[7]を含んだ発話を通じて構成されていることによって目下の提案や他者訂正の効果が和らげられていることや，自己修復によって直示表現が置き換えられることなどによって練習における担い手のアイデンティティがリハーサルの参加者同士の相互行為のなかで協同的に付与されていることを論じている（Keating 1993）．また言語人類学者のスティーブン・ブラックは，ジャズ・バンドのリハーサルなどを分析している（Black 2008, 2011）．サラ・メルリーノは，合唱のリハーサルにおいて異言語による歌詞の

発音を合唱の歌い手のひとりが「言語の習熟者」として訂正していく過程において参加枠組みが組みかえられていくことに焦点をあてることによって，合唱のリハーサル場面における参加者同士の成員性のカテゴリー化実践を分析した (Merlino 2014)．また，横森大輔と西田紘子は，弦楽四重奏のリハーサルのビデオ分析を通して，演奏の中断と再開がどのような手順によって進められるかを，概略的に記述している (横森・西田 2017)．

あるいは，リハーサルの研究が演奏などを洗練させてゆく活動に焦点をあてているのに対して，楽器のレッスン場面などを主題化することによって，身体やふるまいの構造化や協調をつうじた「学習」の達成を主題化するような研究が登場した．たとえば西阪仰は，ヴァイオリンのレッスン場面を対象として，「見ること」といった資源を活用しながら，ヴァイオリンを演奏するという身体的な技能の学習を達成していく活動を特定している (Nishizaka 2006; 西阪 2008; 2016)．また團康晃は，声楽の個人レッスンの構造に着目し，活動において身体や声を構造化していくことと，歌唱表現を洗練させていくこととの関係を論じている (團 2011b; Dan 2021)．砂川千穂は，指揮のレッスンにおいて，参加者たちが身体動作を協調することによって自らの理解や参加状態を提示したりする実践を分析している (Sunakawa 2018)．レッスン場面の研究としてはまた，教師 – 生徒間の相互行為において，楽器演奏が会話における「順番」のように利用されるなかで，楽器を利用した音楽的表現が，レッスンという活動においてそれらの発話との重なりが避けられたり，またその発音の完了点のあとに発話が開始されたりすることが志向されていることを指摘するサム・ダフィーらによる研究 (Duffy & Healey 2013a; 2013b; Duffy 2015) をはじめとして，こうした順番がいかなる行為を構成しているかを主題化する研究が登場した．ジャクソン・トリンズはたとえば，レッスンのなかの発話において指導者によって利用される（言語学的には無意味な）音楽的フレーズが，レッスンにおける生徒の「評価」や「指示」といった行為において利用可能な資源となっていることを論じている (Tolins 2013)．メリッサ・ステファノビッチらはハミングがいかにして相互行為の資源となっているかを論じているが，その議論の一部において，ヴァイオリンのレッスン場面に着目し，レッスン場面において教師が音楽的なフレーズを歌うことが，生徒への「情報提供」などとして利用されていると論じている (Stevanovic & Frick 2014: 501- 5 ; Stevanovic 2017)．さらには，アントニア・イヴァルディは，音楽学校におけるレッスンを分析し「学習する

こと」や「演奏すること」といった理解可能性の構成が，いかなる連鎖構造の編成とかかわっているかを論じている（Ivaldi 2016）．

　こうして1980年代以降，音楽空間における対面的相互行為の分析は，主にリハーサルやレッスンをフィールドとして，おこなわれてきた．こうした研究は，会話分析の隆盛と呼応しつつ，音楽のエスノメソドロジー研究における主流の研究群を今日にいたるまで構成し続けている．

　教師と生徒でおこなわれる通常のレッスン場面の分析の隆盛をひとつの背景として，2000年代後半以降その応用的な展開として登場したのが，「マスタークラス」などとよばれる，公開形式によるレッスン場面の分析である．マスタークラスを対象とした研究のいくつかは，活動における「マルチモーダルなゲシュタルト」を主題とすることによって，文法要素，抑揚，身体的ふるまいなどといった多様な様式をそなえた資源同士がいかにしてひとつのまとまりとして編成されているかを論じてきた（Haviland 2007, 2011）[11]．また，ダレン・リードとベアトリス・リードたちはマスタークラスを対象として，教示活動の開始や終了（およびそれらの予示）といった，教示活動における比較的大きな「相互行為単位 interactional unit」の編成にかかわる体系的な研究をすすめている（Reed, Reed & Haddon 2013; Reed & Reed 2013, 2014; Reed 2015）．

　また，数は少ないものの，練習の場面だけでなく本番という場面に着目することで，活動の参加者たちが，発話などの表現というよりはむしろ，楽音やふるまいを利用しながら一回的な活動としてのパフォーマンスを相互行為的に構成していく局面が分析されてきた．これには，室内楽の合奏の本番における失敗を取り繕いながら演奏への復帰を志向する場面の分析（Weeks 1996b），アイルランド音楽のセッションにおいて複数の楽曲を即興的に連鎖していく活動の分析（Tolmie, Benford & Rouncefield 2013），そしてロックバンドのライブにおける演奏者と聴衆の相互行為分析（Pehkonen 2017）などを挙げることができる．

　その他にも，これまでの分類には該当しないような音楽空間における研究が展開した[12]．こうした動向はおそらく，単にこれまでに着目されなかった活動を対象とするというだけでなく，音楽を「演奏する」というよりはむしろ，積極的に「創造」していくプロセスというものに着目するという狙いが，少なくとも部分的にはあるように思われる．こうした志向が現れている研究のひとつが，フィリップ・ブルッカーとウェス・シャロックによる，2人の非専門的音楽家によるソフトウェアを利用した楽曲制作場面の分析である（Brooker & Sharrock

30

2013, 2016). またダニエラ・ヴェロネージは，作曲家ローレンス・「ブッチ」・モリスの考案による〈コンダクション〉とよばれる指揮を通じた即興演奏パフォーマンスを題材にしたワークショップにおいて，指揮者が自らの指示が意味する内容を演奏家たちに対して明確にしていく過程を分析している (Veronesi 2014)[13]．また吉川侑輝らは，カラオケボックスにおける相互行為を分析している (吉川・小田中 2018; Yoshikawa 2018; 吉川 2021c)．

2.3.3　2000年代以降──もうひとつの対面的相互行為

2000年代以降にはまた，研究者による音楽教師たちへのインタビューといった制度的場面や，日常的な生活場面における相互行為が主題化されてきた．こうした活動もまた音楽にかかわる対面的相互行為というべきであろうが，音楽自体はその活動にふくまれていないという意味において練習や本番の場面といったこれまでの典型的な「音楽空間」とは異なる特徴を備えているため，両者は区別されるべきであるように思われる．

インタビュー場面の研究としては，自身が音楽教師でもあるキャスリン・ロールストンが，博士論文において，音楽教師たちへのインタビューを通じて教師たちの「道徳秩序 moral order」を明らかにすることを試みている (Roulston 2000, 2001)．また團康晃は，中学校でのフィールドワークにおいて「放送委員」である中学生へインタビューを実施し，かの女らが調査者に対して，自分たちが校内放送における選曲基準を適切に運用していることを提示する場面を分析している (團 2011a)．

また日常的な場面の研究としては，まずマイケル・フォーレスターが，日常における幼児とのやりとりにおいて出現する「音楽性 musicality」を分析している (Forrester 2009)．またステファノビッチとマリア・フリックは，日常会話においてハミングが利用される場面の研究をしている (Stevanovic 2013; Frick 2013; Stevanovic & Frick 2014)．ステヴァノヴィッチらはまた，教会での音楽の利用の仕方を交渉するミーティング場面における「歌うこと」が，参加者同士の相互行為上の非対称性を解消しながらミーティングを進めていくことに利用可能となっていることを論じている (Stevanovic & Frick 2014: 499-501; 505-8)．

2.3.4　2010年代以降──HCI と CSCW

2010年代以降はさらに，「人間とコンピュータの相互作用 Human-computer

Interaction（HCI）」や「コンピュータによって支援された協同作業 Computer Supported Cooperative Work（CSCW）」といった領域における研究が登場した．こうした研究は，音楽活動や音楽パフォーマンスのデザインという「音楽空間」における対面的相互行為とは異なる水準の現象を主題化することによって，音楽活動の民族誌的なエスノメソドロジー研究という新しい動向をもたらした．

　HCI や CSCW に方向づけられたエスノメソドロジー研究としては，コンピュータ・プログラムによって構成された現代音楽作品における特殊な音楽家カテゴリーの編成を論じる研究（Booth & Gurevich 2012a, 2012b），音楽家たちのレパートリー構築や音楽探索活動にコンピュータがどのように利用されているかを扱った研究（Benford, Tolmie, Ahmed, Crabtree & Rodden 2012; Ahmed, Benford & Crabtree 2012; Chamberlain & Crabtree 2016），そして音楽配信ウェブサービスにおけるコメント機能を利用した，いわゆるマイクロ会話分析の研究（Reed 2017）がある．

　HCI や CSCW に方向づけられた対面的相互行為の研究としては，ダフィーらが，音楽学校における ICT 機材を利用した遠隔レッスンを，通常のレッスン場面との比較などもおこないながら分析している（Duffy, Williams, Stevens, Kegel, Jansen, Cesar & Healey 2012; Duffy & Healey 2012, 2014, 2017; Duffy 2015）[14]．

2.4　分　析

2.4.1　楽音による時間的秩序の編成

　こうした動向をふまえたうえで注意すべきことのひとつに，音楽活動のエスノメソドロジー研究において，研究手法，フィールド，そして現象が，多様な関係を備えているということがあるだろう．すなわち，同一のフィールドで遂行されている研究でも，対象となっている現象はさまざまである．たとえば，同じリハーサル場面を対象としたエスノメソドロジー研究においても，そこでは演奏だけでなく，会話やふるまいなどが主題化される場合がある．反対に，ある現象の研究が，多様なフィールドで遂行されることもある．たとえば，演奏を主題化したエスノメソドロジー研究は，リハーサルだけでなく，本番，場所の特定されない即興などといった，さまざまな場面において遂行されている．

　念のため注記をしておけば，だからといってこのことは，音楽活動のエスノ

メソドロジー研究というものが,「雑多な」対象に対して,「出鱈目に」研究を遂行しているということを意味しない.音楽活動のエスノメソドロジー研究がさまざまな対象に対してさまざまな方針で研究をすすめているように見えてしまうのはなによりも,対象となっている音楽活動のほうが,まずもって多様な仕方で取り組まれているからにほかならない.私たちの社会生活における音楽にかかわる活動には,音楽の演奏,聴取,創作をはじめとして,無限定的に多様な活動がふくまれているだろう.このときエスノメソドロジー研究は,そのような実践ひとつひとつに対して,研究者の側で既成の方法をあらかじめ準備するのではなく,研究対象のほうから研究方法をうけとるという方針をとることでアプローチしていく.すなわちエスノメソドロジー研究が一貫した対象と方法を持たない雑多な研究群にみえてしまうのは,研究対象に対して積極的な関心を持つことの,ひとつの帰結にほかならない.

　こうした事情は,本書が音楽にかかわる活動のエスノメソドロジー研究同士の関係を考えようとするとき,研究手法やフィールドというよりはむしろ,それぞれの研究において主題化されているような,対象となっている現象がそなえる特徴をとらえていく作業が必要であることを示唆している.それでは,現象の特徴という観点からすれば,これまで概観してきた研究同士は,いかなる関係を構成しているだろうか.以下では,このことを素描していきたい.

　一見したところ,1970年代に開始されたような,省察にもとづく報告という方針において遂行されたエスノメソドロジー研究は,1980年代以後,対面的相互行為の研究の展開によって途絶えてしまったかのようである.

　しかしながら,こうした見かけ上の断絶に反して,サドナウによる研究 (Sudnow 1978＝1993, 2001) とウィークスによる研究のひとつ (Weeks 1996b) は,その関心を共有しているように思われる.一方でサドナウは,ジャズにおける即興演奏を,楽音を適切な時間において管理していく活動として特定している.すなわち即興演奏における旋律は,たんに展開するコード進行に対応するような適切な楽音を演奏するだけでなく,それを適切な時間配分において配置することを通じて編成されている (ex. Sudnow 1978＝1993: 23, 2001: 22).他方でウィークスもまた,アンサンブルにおける演奏の失敗と復帰を,ひとつの時間実践として特定している.ウィークスが検討した事例において,演奏家たちは,お互いの演奏を観察することを通じて自身の演奏における楽音を産出するタイミングを手元の楽譜から即興的に変更することで,他の参加者の失敗を,あた

かも問題が存在していなかったかのように「取り繕う」(Weeks 1996b: 215) ことができていた.

　すなわち，サドナウとウィークスはともに，楽器演奏をつうじた「内的時間 inner-time」(Schutz 1951＝1991) の構成を主題化していると考えることができる．本書では，こうした対象を主題化している研究を，便宜的にではあるが，楽音による時間的秩序 temporal order の編成についての研究と表現しておこう.

2.4.2　発話による連鎖的秩序の編成

　とはいえ，音楽にかかわる活動におけるエスノメソドロジー研究の大部分は，楽音というよりはむしろ，発話を用いたやりとりの分析として，すなわち会話分析として遂行されているというべきである.

　このとき，リハーサルやレッスン場面といったさまざまなフィールドにおいて繰りかえし主題化された現象として，「訂正連鎖 correction sequence」を挙げることができる (Weeks 1982, 1990, 1996a; Merlino 2014; Veronesi 2014)．一例を挙げれば，ウィークスはオーケストラのリハーサルにおいて指揮者が「言葉による表現 verbal expression (VE)」や「擬声による表現 imitative expression (IE)」を組みあわせることで，オーケストラの演奏を制御したり，演奏における問題が含まれた箇所を特定したり，それを適切な表現へと訂正していくやりとりを分析している (Weeks 1982, 1990, 1996a)．こうした作業を通じてウィークスは，リハーサルにおいて指揮者と演奏者が従事している実践を，発話からなる連鎖構造として提示している (Weeks 1996a: 277).

演奏による順番 N
1．訂正に値するものが生じるまでの演奏.
2．指揮者による，演奏と並行した任意の IE (カウント等).

指揮者による順番
1．身ぶりと VE をつうじた，自己選択による演奏者への割りこみ．このとき，演奏における「移行適切性」は考慮されない.
2．任意の，場所を指示するための表現.
3．後続する VE と IE ならびに，任意の，VE を描写するための IE.
4．次に行われる活動の選択.

  5．テンポと演奏開始の瞬間を定めるためのカウント．

演奏による順番 $N+1$

  1．一義的には訂正連鎖が完了するが，必ずしも成功はしない．問題は
   再発する場合があり，さらなる訂正が行われる．

  2．まずは，直前の教示が実演される．

　この図式からも窺えるように，同じ「音楽空間」における活動でありながら，
訂正連鎖は，先にみたような楽器演奏などとは異なる特徴をそなえている．そ
の主要な構成要素は発話であり，主題となっているプラクティスは，発話が連
鎖的に結びつけられることによって構成されている．本書では，こうした特徴
をそなえた対象に関心をもっているような研究を，発話による連鎖的秩序 se-
quential order の編成の研究と表現しておこう．

2.4.3　発話による時間的秩序の編成

　さて，以上の検討をふまえれば，演奏の分析が楽音による時間秩序の研究と
して，そして会話の分析が発話による連鎖秩序の研究として，それぞれ分離し
ながら遂行されねばならないように思えるかもしれない．しかし実際には，こ
れまで述べてきた研究のほかに，楽音による連鎖的秩序の研究や発話による時
間的秩序の研究を見いだすことができる．
　発話による時間的秩序の編成についての研究としては，マスタークラスの分
析をしているダレン・リードたちによる「相互行為単位」をめぐる一連の研究
を挙げることができる（Reed, Reed & Haddon 2013; Reed & Reed 2013; Reed 2015）．
ダレン・リードらの観察によれば，マスタークラスにおける教示活動は「実演
から教示への移行」，「教示」，そして「教示から実演への移行」という３つの
部分からなる「相互行為単位」を構成している（Reed & Reed 2013: 325- 6，
329-30, 336）．重要なのは，こうした「相互行為単位」が現実にどのように開始
されたり完了したりするかということ自体が，教師や生徒がその身体を移動
（cf. Reed 2015）したり，自らの志向を楽譜や観客などにむけたりすることを通
じて，相互行為の只中において，刻一刻と「交渉」されているということであ
る（Reed & Reed 2013: 334- 5）．こうした関心のもと，ベアトリス・リードたち
は，マスタークラスにおいて受講者と伴奏者が，教師による指示に応じて自ら
の演奏を再開するのが「今 NOW」か「今ではない NOT NOW」か，という

ことを判断するという課題に対処しているありようなどを観察している (Reed, Reed & Haddon 2013: 34-5).

　こうしてダレン・リードたちによる研究は，発話などを利用した相互行為を分析するものでありながら，その焦点はマスタークラスにおける教示活動を構成する相互行為単位の完了を協同的に画定していく実践に定められている．彼らの研究はこの意味で，会話の分析をしているのでありながら，発話による連鎖的秩序の編成というよりはむしろ，相互行為単位の時間的秩序の編成に関心をもつような研究であるといえよう．

2.4.4　楽音による連鎖的秩序の編成

　楽音による連鎖的秩序の編成についての研究としては，トルミーたちによる，アイルランド音楽における楽曲の連鎖についての研究 (Tolmie, Benford & Rouncefield 2013) を挙げることができる．トルミーたちの研究は，アイルランド音楽のセッションを分析することで，参加者たちがパブにおける出来事をいかなる推論とともに編成しているかを明らかにしようとするものである．アイルランド音楽では一晩に何曲もの楽曲を演奏するが，演奏される楽曲は，その場に居あわせた参加者たちによって，即興的に選択されている．トルミーたちは，参加者たちの「自己選択」によって演奏が開始された楽曲が他の参加者に受けいれられなかったり (Tolmie, Benford & Rouncefield 2013: 234-40)，またある楽曲の一部を演奏することが他の参加者によって「申し出」として理解され，他の参加者がその楽曲の一部を演奏することが，「申し出」に対する「受諾」として「先行連鎖」(Schegloff 2007b: 28-57) を構成したりするような場面 (Tolmie, Benford & Rouncefield 2013: 240-6) を分析している[15]．

　こうしたことからわかるように，トルミーたちの研究は，ひとつひとつの楽曲やその一部を連鎖的に構成していくことで，アイルランド音楽のセッションを構成する活動に注目していくものである．この意味で，トルミーたちの研究は，楽音を利用したやりとりの研究であるとしても，サドナウやウィークスとは異なるタイプの秩序，すなわち連鎖的秩序が分析されているということができるだろう．

2.5 議論

　ここまで，音楽にかかわる活動におけるエスノメソドロジー研究を概観したうえで，それらの研究が対象としている現象の特徴を分析してきた．こうした作業を通じて，本章ではまず，いくつかの研究を楽音による時間的秩序の編成を対象とする研究と，発話による連鎖的秩序を対象とする研究という区別のもとに理解可能であることを主張した．ここで，ふつう後者が「会話分析」とよばれていることをふまえ，前者を「演奏分析」とよんでおこう．演奏分析は，音楽にかかわる活動を満たしているようなさまざまな行為の研究を遂行していくためのひとつの開始点を，会話分析とともに遂行されうる，しかしながらそれとは異なる方針として構成するように思われる．

　もちろん，両者の差異を強調しすぎる必要はないだろう．すでにみたように，本章が検討した研究のなかには，発話による時間的秩序や楽音による連鎖的秩序に関心をもつような研究が含まれていた．このことは，「時間的秩序」や「連鎖的秩序」といった表現が，現象がそなえるひとつの側面にのみ言及するような表現でしかないことを意味している．したがって，会話や演奏といった現象がいかなる関係をそなえているかは，あくまでも経験的研究にそくして考察されるべきである．

　さらには，演奏分析が，演奏以外のさまざまな活動をより明確にすることにもつながってくる可能性を否定することもまた，不要である．楽音による時間的秩序としての演奏の研究は，演奏以外のさまざまな現象における時間的秩序の編成の研究に貢献したり，言葉と現象の関係を改めて考えていく材料を提供したりするかもしれない．この意味では，音楽にかかわる活動のエスノメソドロジー研究はたしかに，――ガーフィンケルが想定したように――ひとつの「際立った事例」を構成しうるだろう（cf. Garfinkel & Wieder 1992; Garfinkel 2002; Hester & Francis 2007）．

　さて冒頭において述べたように，音楽社会学や人類学的な音楽研究は，その関心を音楽／作品の外部にある活動へと拡張することを目指してきたのであった（e.g. 野澤 2013）．それでは，音楽活動のエスノメソドロジー研究は，こうした方針と，どのような関係をとりむすぶだろうか．最後にこのことを論じておきたい．

　本章であきらかにしたように，音楽にかかわる活動のエスノメソドロジー研究は，会話分析や演奏分析という仕方で，対象がそなえるさまざまな特徴をとらえようとしている．こうしたことからわかるのは，音楽の科学的研究のほうがその対象を作品や演奏といった具体的活動へと拡張しているだけでなく，音楽にかかわる活動のエスノメソドロジー研究もまた，その対象を「言語活動」へと拡張しているということである (ex. Weeks 1982)．すなわち，エスノメソドロジー研究と科学的研究はともに，演奏活動と言語活動の両方に目をむけようとしている．

　両者に差異がありうるとすればそれは，エスノメソドロジー研究が特定しようとする時間的／連鎖的秩序というものが，研究者の研究活動によって抽象的に特定されるような理論的な秩序でなく，音楽活動に参加する当の人びとによって具体的に取り組まれているような実践的な秩序であるということである．ここでいう理論的な秩序の特定とはたとえば，研究者がその研究過程において，研究対象としている当の音楽実践の参加者の与り知らぬ対象の客体化を行使しながら音楽を時空間のなかに位置づけなおそうとするようなことだと考えればよい[16]．こうした方針は，音楽活動のただなかにおいてすでに実践されている具体的秩序を再び特定しなおしていくような作業 (Garfinkel 2002) というよりはむしろ，研究者のほうがもとの現象にさまざまなものを付け加えていくことによって抽象的な秩序を積極的に作り出していくよう作業と理解すべきものとなるだろう．この意味において両者は，いかなる対象を扱うか（つまり，音楽演奏と言語活動のどちらを扱うか）という点というよりはむしろ，ある対象をいかなる方針において分析するか（つまり，抽象的秩序と具体的秩序のどちらを分析するか）という点において対照されるべきである (cf. Lynch 1993＝2012, 2011)．

　むろんここで，両者の方針に異なる前提が含まれているからといって，音楽活動のエスノメソドロジー研究と人類学的な志向をもつ音楽研究とが，なにも排他的な関係を備えていると考えなくてはならないということはない．一例としてエスノメソドロジー研究は，会話分析や演奏分析を遂行することによって，人類学が人びとの音楽活動を理論的な仕方で特定しようとする際に，その研究を基盤的なレベルで支援することができるだろう．換言すれば，現象の多様性はむしろ，両者の協働の仕方もまた多様でありうることを示唆している．

　他方，こうしたことを考えたとき，本章がみてきたように，音楽活動のエスノメソドロジー研究の大部分がいまや会話分析としてのみおこなわれているこ

38

とは，問題含みでありうるように思える．エスノメソドロジー研究は抽象的な秩序ではなく，具体的な秩序を特定しなおしていく．このように述べるとき，もし人びとの音楽活動が多様であるなら，人びとの音楽活動についての研究もまた，人びとの活動の多様さにそくして多様でなくてはならないはずだ．この意味でエスノメソドロジー研究が人びとの音楽活動の研究に資することができるかどうかは，エスノメソドロジー研究のほうが，いかに柔軟でありうるかにかかっているといえるだろう．

2.6　小　括——練習場面における演奏分析にむけて

　本章の課題は，音楽にかかわる活動におけるエスノメソドロジーを対象とした研究を概観することであった．これまでの作業を通じて本章は，既存の研究が，さまざまなタイプの現象を対象としてきたことや，その貢献可能性を論じてきた．

　本書の目的に照らせば，本書は，次の2つの方針をとるのがよいと考えられる．

　まず方針の第1は，練習場面における活動を分析するということである．練習場面において，音楽を観察することが重要な活動のひとつであることは明白であるようにおもわれる．この意味において，練習場面における音楽の編成は，人びとにとって他人のそして時には自分自身がとりくんでいる音楽を観察することが実践における切迫した課題ともなるような，ひとつの「明白な場面」[17] (Garfinkel & Wieder 1992) であると予想することができるであろう．

　第2の方針として，演奏分析を遂行することがなされてよい．すでに論じたように，音楽にかかわる活動におけるエスノメソドロジーを対象としたこれまでの研究の大部分は，会話分析として遂行されてきた．こうした研究は，練習やそこにふくまれるさまざまな相互行為単位がそなえる構造を明らかにしてきた．こうした研究が明らかにするのは，人びとが，演奏というよりはむしろ，練習をどのように観察しているかということであるように思われる．これに対して，演奏分析を遂行することは，人びとが音楽それ自体をどのように観察しているかを明らかにするように思われる[18]．

　こうした見たてのもと，本書は以下において，練習場面における演奏分析をすすめていく．

注

1 ）2014年の『Social Semiotic』誌では，音楽にかかわるさまざまな活動を対象とした会
　話分析の特集が組まれたが，ここでは，ダニエラ・ヴェロネージとセルジオ・パスカン
　ドレアが序文（Veronesi & Pasquandrea 2014）を，そしてダニエレ・バルヴィエーリ
　が議論（Barbieri 2014）を書いている．またウィークスは，いくつかの論文において音
　楽研究にかかわる理論的な議論をおこなっている（Weeks 2002; 2012）．本章はこれら
　の文献は含めず，経験的研究のみ検討する．
2 ）サドナウはまた，鍵盤における即興演奏における推論を，タイプライターのキーボー
　ドを使用することにおける推論と比較した（Sudnow 1979）．
3 ）ジャズ・インプロヴィゼーションの分析の後続研究については，その一部が本書第7
　章において取り組まれているほか，吉川侑輝（2020）による展開の試みがある．
4 ）ここでいう「活性」という表現は，ロッド・ワトソンによるテキストのエスノメソド
　ロジー研究における議論（Watson 2009）が念頭にある．ワトソンは，「駐車禁止」の
　標識などをめぐる日常的な推論などを例に挙げながら，次のように述べている．
　「［……］活性的な（アクティブな）解釈や理解は，明らかに，その標識の読み手のほう
　に避けがたく委ねられている」（Watson 2009: 22）．ワトソンはこうした例を挙げなが
　ら，テキストを読んだり書いたりするということが，実践的活動として取り組まれてい
　ることを例証している．
5 ）正井佐知は，障碍者オーケストラにおいて参与観察によるフィールドワークをおこな
　い，目下の場面において実践されている発話の連鎖構造を分析することによって，練習
　における非専門的な知識を跡づけている（正井 2015; 2017）．また吉川は，「古楽」など
　とよばれる歴史的西洋音楽実践のリハーサル場面において，現代譜の修正活動や即興演
　奏において誤りを明確にする活動を分析している（吉川 2016）．
6 ）これに関連して，エマニュエル・シェグロフもまた，弦楽四重奏における練習場面の
　断片を含んだ分析をしていることを付記しておく（Schegloff 2005; 2007a）．
7 ）「自己修復」とは差し当たり，会話における自らの発言を言い直したりすることに
　よってやり直すことなどをさすと考えればよい．会話における自己修復それ自体をめぐ
　る議論の詳細については，シェグロフらの古典的な議論（Schegloff, Sacks & Jefferson
　1977＝2010）を参照のこと．
8 ）「成員性カテゴリー化装置」はいわば，人間集団を分類するときに参照可能な常識的
　知識の体系的な利用方法を指し示すためにハーヴィ・サックス（Sacks 1972＝1995）が
　案出した表現である．
9 ）なお團による研究は，ポピュラー音楽学会のワークショップにおいて発表されたもの
　である．このワークショップについての報告は，今井（2012）や中村（2012）を参照の
　こと．
10）「順番」とは差し当たり，会話におけるひとつの発言のまとまりのようなものと考え
　ればよい．会話における順番交替それ自体をめぐる議論については，サックスらの古典
　的な議論（Sacks, Schegloff, & Jefferson 1974＝2010）を参照のこと．
11）ハヴィランドは，ヴォルフガング・アマデウス・モーツァルトによる弦楽四重奏曲を
　主題としたマスタークラスを分析している（Haviland 2007; 2011）．ハヴィランドが検

討する事例においては，プロフェッショナルの音楽家たちが，発話，身体動作，そして楽器を用いた実演をはじめとした多様な表現を利用しながら，演奏法にかかわる教示や理想的な演奏表現などを「マルチモーダルなゲシュタルト multimodal gestalt」(Haviland 2007: 153) として編成していくありようが記述されている．パウル・サンブルらもまた，トランペット奏者ホーカン・ハーデンベルガーのマスタークラスを分析することで，音楽における意味がマルチモーダルに構成されていることを例証している (Sambre & Feyaerts 2017).

12) なお，徳島大学における卒業論文や研究報告書として，ダンス（西下 2004），ギターレッスン（吉野 2005），吹奏楽（渡邊 2010），介護におけるカラオケ（八木・小笠原 2012) といった音楽に関係するさまざまな活動を主題とした論文を見いだすことができる．いずれもビデオデータを利用した研究であり，「音楽空間」における対面的相互行為の研究には，これらの研究をふくめることもできるだろう．

13) ヴェロネージは，指揮者（モリス）が，発話や身体動作といったさまざまな資源を利用しながら「指示的な上演 directive enactment」(Veronesi 2014: 485-6) を編成していることを論じている．

14) ダフィーらの研究をはじめとした，遠隔による音楽活動にかかわるエスノメソドロジー研究の包括的なレビューとしては，吉川（2021a）によるものがある．

15) なお，トルミーたちがここで用いている「申し出」や「受諾」といった表現はいずれも，会話分析における「隣接対」を構成する行為を記述するための表現を転用したものである．会話における隣接対それ自体をめぐる議論については，シェグロフとサックスによる古典的な議論 (Schgloff & Sacks 1972＝1995) を参照のこと．トルミーたちはこのほかにも，アイルランド音楽における順番交替の技法を，「順番交替」や「先行連鎖」といった会話における技法のアナロジーにおいて論じている (Tolmie, Benford & Rouncefield 2013: 254). むろん，会話分析のアナロジーを利用することで音楽活動についての理解が深まる可能性を，アプリオリに否定する必要はないであろう．とはいえ，彼らがとるこうした方針の正当性は，別途議論されるべきであるように思われる．同種の指摘については，以下も参照のこと (Button, Lynch, & Sharrock 2022: 182).

16) 先述した音楽人類学者のボーンがジェルの形而上学 (Gell 1998) を援用しながら理論的に展開（し，かつきわめて一般的な仕方で推奨）したのは，まさにこのような方針にほかならない (Born 2005). 対して，実践的秩序を特定しなおそうとするとき，そこに説明が還元されるような理論的な道具立てを研究者のほうでアプリオリに用意する必要は，差し当たりないと考えられる．この点にかんしては，形而上学的な人類学理論に対するリンチによる批判なども参照のこと (Lynch 1993＝2012: 127-33).

17) 無論，練習場面こそが唯一の「明白な場面」などという必要はないであろう．

18) 楽音の時間的編成が主題化されるとなるとき，気にすることができることのひとつは，本書の想定読者である．すなわち，演奏実践を全く知らない読者は，本論を読んだり理解したりすることができるのであろうか．この点について，ここで簡単に言及しておきたい．エスノメソドロジー研究を創始したガーフィンケルも論じているように，エスノメソドロジー研究が自然言語を尽くすことによってある実践の固有性を入念に記述することができているのであれば，そのような記述は，記述されている実践を再び産出する

ためのインストラクションとして誰にとっても利用可能である（Garfinkel 2002: 100-3）．したがって，もし本書がこれから進めていく分析において演奏実践の固有性をその都度入念に記述することができているのであれば，そのような記述は，記述されている演奏実践を再び産出するためのインストラクションとして「演奏実践を全く知らない読者」たちにとっても利用可能であるはずだ──むろん本書における分析が現実にそのような記述となっているかの判断は，「演奏実践を全く知らない読者」たちに委ねるしかないことであるが．

第 3 章

技術についての注記
──想起としての分析──

3.1 本章の目的

　本章の目的は，エスノメソドロジー研究において利用されている「記録」，
「転記」，そして「収集」にかかわるさまざまな人工的 artificial な技術が備え
る方法論的な地位を明確にすることを通じて，音楽に関心をもつ研究者たちが，
こうした人工的な技術を，研究対象となっている日常的な活動を明らかにする
という目的のために利用するという方針を，予め擁護しておくことである．

　ここまで本書は，次の作業をおこなってきた．まず第1章において，研究者
たちがおこなう音楽についての科学的観察に先立って，その対象となっている
人びともまた音楽についての日常的観察に従事しているのでなくてはらないと
いうこと，そして本書が，人びとによる観察それ自体を跡づけていくために，
練習場面をひとつのフィールドとして，人びとが演奏という活動のなかで利用
しているエスノメソドロジーを特定していこうとする，ということを述べてき
た．また第2章では，音楽にかかわるさまざまな活動におけるエスノメソドロ
ジーについての先行研究を検討し，既存の研究が，楽音による時間的秩序
temporal order を編成していくために利用されているエスノメソドロジーと
いうよりはむしろ，練習や本番といった活動における，発話による連鎖的秩序
sequential order を編成するために利用されているエスノメソドロジーを特定
するための作業に従事している，ということを確認してきた．

　こうしたことを念頭におきつつ本書が次章以降に続けてめざすのは，練習場
面における演奏を主たる探求のフィールドとしながら，音楽家たちが演奏活動
を編成していくときに利用可能なエスノメソドロジーを特定していくことであ
る．このことによって本書は，人びとが日常的に従事している音楽活動の，ひ
とつの様態に接近していく．

　それでは，こうした作業を進めていこうとするとき，本書が利用可能な技術には，どのようなものがあるだろうか．以下ではまず，民族音楽学ならびに比較音楽学や音楽人類学といったその隣接分野において音楽を実証的にあつかうための努力において彫琢されてきたいくつかの技術を，記録すること，転記すること，そして収集することの順に概観していきたい²⁾．

　比較音楽学などにおいて，音楽を記録することは，録音技術が誕生するやいなや，研究における中心的な技術のひとつに組みこまれた（徳丸 2016a，2016b）．以来，民族音楽学者をはじめとして，フィールドワークをおこなう研究者の多くが，自らのフィールドに，音楽を録音するための機材などを持ちこんでいる．録画技術が登場したことはまた，対象となっている人びとの音楽活動を，身体動作を含めて記録することを可能にしてきた．藤岡幹嗣は，映像がもつ特性として，記録性・表現性・大衆性を備えていることや，保存が容易であることなどを挙げている（藤岡 2016: 113）．こうしたことが新たに可能にしていった研究プログラムは少なくない．たとえば，アラン・ローマックスによる歌唱や舞踏の比較研究であるところの「計量歌唱学」や「計量舞踏学」という試みの中心には，録音や映像の利用があった（Lomax 1962＝2007, 1969＝2007,［1975］2003）．また人類学者の野澤豊一は，音楽をその周辺の身体的なふるまいとともに記録するために，ビデオカメラを用いている（野澤 2013a, 2013b, 2013c）．近年では，研究実践においてこうした録画技術が一般化するありようを，「映像音楽学」（山口 2000: 153-61）という語彙のもとで特徴づける研究者もいる．

　フィールドにおいて記録されたデータは，それを利用しながら研究するために，異なる媒体に転記される必要がある．音楽を転記することについては，古典的にはオットー・アブラハムとエリッヒ・フォン・ホルンボステルが論じている．かれらは，五線譜が音楽を記録するためのもっとも客観的な表記法であると考えた（Abraham & von Hornbostel 1909-10＝1994）．それに対して，チャールズ・シーガーは，演奏をするための楽譜である「規範的楽譜 prescriptive notation」であるところの五線譜を，採譜のための楽譜である「記述的楽譜 descriptive notation」として利用することの問題を指摘し，五線譜の難点を克服するために音楽のより客観的な記録をめざすための「メログラフ」と呼ばれる装置を考案した（Seeger 1958; 谷口 2003: 18）．当然ながら，音楽を「客観的に」採譜できるというこの想定には批判が向けられ，現在では音楽の体験そのものを，身体行動をふくめて視覚化するための，いくつもの試みが存在している

44

（谷口 2003: 18-20）．とはいえ，こうした技術には，音を視覚的に理解したり過去のそれと比較したりすることができるという利点を依然として認めることができる（小塩 2016: 73）．すなわち採譜は，限界こそあるものの研究上欠かせない技術であるとみなされている（柘植 1991: 129-42）[3]．

　こうして得られた記録や転記物は，体系的に収集される必要がある．収集をいかにおこなうかということもまた，民族音楽学が比較音楽学とよばれていたときからすでに重要な方針であった．1899年に設立されたフォノグラフ・アルヒーフを端緒として，国際音響資料館協会 International Association of Sound and Audiovisual Archives (IASA) などのサウンド・アーカイブが，世界中に存在している（柘植 1991: 101-4）．計量歌唱学の考案者ローマックスはまた，音楽をアーカイブしていくことを自身の方法の中心にすえている（Lomax 1962＝2007）．そうでなくても，近年においてその重要性は後景化してはいるものの，あらゆるフィールドワーカーたちは，録音や録画された資料についての，自前の「アーカイブ」をもっているともいえるだろう．というのも，収集されたあらゆる資料は，それを研究に用いるために「資料化」（山口 2004: 31-3）されなくてはならないからである．さらには，自身の研究を進化音楽学によって基礎づけようとするジョセフ・ジョルダーニアといった民族音楽学者たちは，今日「世界の多くの地域に関して優れた研究の数が増えている」ことを背景としながら，この音楽の収集と比較という古典的なトピックを，新たな関心のもとで現代的に復活させようとしている（Jordania 2011＝2017: 68-72）．

　しかしながら，このような人工的な技術がどれだけ発展しても，それが研究対象となっている人びとの活動を完全に表象したり代替したりしてしまうことはありそうにない．というのも，こうした記録，転記，そして収集といった技術によって音楽をいかに「正確に」表象しようとも，そうした表象は，どうしても選択的なものとならざるを得ないからである[4]．反対にそうした表象が過剰であることによって，人工的な技術によって構築される科学的世界が，人びとの日常生活世界における経験を上塗りしてしまうということもまた，ありうるだろう．

　ところで，文化人類学者のクリフォード・ギアツは，こうした人工的な技術に対する一般的な批判をあたえた人類学者のひとりであるように思われる．ギアツは『文化の解釈学』（Geertz 1973＝1987）における民族誌の目的を論じる箇所において，民族誌家がカメラを利用することを論難している．ギアツが例と

してとりあげるのは「まばたき」をする 3 人の少年の例である．3 人の少年た
ちは，まぶたの運動としては，同じことをしている．だが，かれらがしている
ことは「行為」という水準においては異なるものである．第 1 の少年によるま
ばたきは，無意図的な「まぶたのけいれん」である．第 2 の少年によるまばた
きは「悪だくみの合図」である．そして第 3 の少年によるまばたきは，第 1 の
少年によるまばたきを真似た「あざけり」である．ギアツによれば，民族誌の
目的は，上述した 3 つの違いをもたらす「意味の構造のヒエラルキー」にある．
ギアツがカメラという技術を論難するのは，この文脈においてにほかならない．
すなわち「カメラのレンズでは，つまり『現象的』観察からすれば，いずれが
無意図的なまばたきで，どちらが目くばせであるか，また両方，あるいはどち
らかが，目くばせか，ただのまばたきなのか，区別することができない」
（Geertz 1973＝1987: 8）というわけだ．そして，かりにギアツによるこうした主
張を認めるとすれば，カメラが，ギアツが以下の引用において述べるような
「民族誌の目的」を遂行するのには不十分な技術であることは，明白であると
考えられるだろう（Geertz 1973＝1987: 8 -10）．

> 　つまり民族誌の目的は，無意識的なまばたき，目くばせ，にせの目くば
> せ，目くばせの真似，目くばせの真似の練習などが生まれ，知覚され，解
> 釈される意味の構造のヒエラルキーにあり，このヒエラルキーがなければ，
> まばたき，目くばせなどのものは，誰かがまばたきで何を意味しても，あ
> るいは何も意味しないとしても，事実存在しないのである．（Geertz 1973＝
> 1987: 10）

　人工的な技術に対するこうした疑念を，放置しておくことはできそうにない．
なぜなら，もしこれらの疑念がもっともなものであるとすれば，そのことは，
科学者たちが提示する知見の妥当性を損ねてしまうと思われるからである．で
は，こうした人工的な技術は，いかにして擁護できるだろうか．
　そこで本章は，音楽をめぐる活動を対象としたエスノメソドロジー研究を導
きの糸として，音楽に関心をもつ研究者たちが人工的な技術を利用することを，
より完全な表象を目指していくこととは別種の方針のもとで擁護するという課
題にとりくみたい．第 1 章で述べたように，エスノメソドロジーとは理解可能
な現象を編成するさいに人びとが利用している方法と，それを明確にするため
の研究プログラムの両方を指示するために案出された，アメリカの社会学者で

あるハロルド・ガーフィンケルによる造語である（Garfinkel 1967,［1968］1974
＝1987）．エスノメソドロジー研究が1960年代に提案されて以来，その研究プロ
グラムは，会話（Sacks 1992）から科学者たちの研究室（Garfinkel, Lynch & Living-
ston 1981）といったワーク・プレイスにいたる多様なフィールドにおいて，人
工的な技術の発展とともに展開している．したがって，本章がとりくむこうし
た課題は，音楽をめぐる人びとの日常生活世界における経験と，音楽に関心を
もつ研究者たちが利用する技術がどのように結びつきうるかについての，ひと
つの「練習問題 tutorial」を与えてくれると考えられる．エスノメソドロジー
研究における技術についての省察を通じて，研究を支える方法について考察す
ること，本章における中心的な議論を，このように特徴づけてもよい．

3.2　先行研究

　エスノメソドロジー研究における人工的な技術の利用について検討するまえ
に，こうした技術を，音楽を対象としたエスノメソドロジー研究において利用
することがどのように理解されているかを，確認しておきたい．先に述べてお
けば，音楽に関心をもつエスノメソドロジー研究者たちは，分析者が人工的な
技術を利用することによって分析対象となっている人びとの音楽についての経
験へと効果的に接近可能であるという想定を，議論の前提の位置にすえながら
――すなわち，それ自体を特に主題化することはなく――研究を遂行している
ようにみえる．

　たとえば，トランスクリプトをいかに作成するかという問題は，エスノメソ
ドロジー研究者たちが音楽に注目し始めたまさにそのとき以来の，中心的なト
ピックでありつづけてきた．ブルース音楽のファンたちが，ブルースをブルー
スとして聴取するときに参照している規則を明確化するという課題にとりくん
だデヴィッド・ハッチとロッド・ワトソンは，研究者による五線譜の利用が，
対象となっている成員の理解を上塗りしてしまう可能性について論じている
（Hatch & Watson 1974: 176-7）．またピーター・ウィークスは，音楽活動の分析
が会話分析において利用されている標準的なトランスクリプトでは成立しない
がゆえに，「会話分析の慣習と音楽における標準の慣習を組みあわせたものを
その都度使用しなくてはならない」と述べることで，両者を折衷した，新たな
タイプのトランスクリプトを考案している（Weeks 1982: 54）．

　ウィークスはまた，サン＝サーンスの《七重奏》における演奏者たちの失敗と復帰を分析した論文の中で，分析者が繰り返しテープを聞くことによって，分析者の解釈がテープに含まれている演奏者たちが可能な理解を凌駕してしまう可能性（Weeks 1996b: 216）や，録音・録音を採譜したトランスクリプトが，現実の相互行為の細部を見落としてしまう可能性に言及している（Weeks 1996b: 218-20）．この時点においてウィークスは，分析者が利用する人工的な技術が人びとの日常的実践に接近できることには，必ずしも肯定的な態度を提示してはいないように思える.[5]

　のちの論文においてウィークスは，これを擁護する立場をとるようになる．ウィークスが依拠しているのは，アルフレッド・シュッツである．音楽コミュニケーションの基盤を先駆的に論じた現象学的社会学者であるシュッツがいうように，音楽における意味は，それを聴取するという経験の内的時間において，時間的な経過とともに――すなわち「複定立的に」（Schutz 1951＝1991）のみ――構成される．現象学に方向づけられたエスノメソドロジー研究者であるウィークスは，シュッツによるこうした見解を擁護したうえで，トランスクリプトは，通常であれば持続の只中においてしか把握できない音楽という対象を，視覚的に――または「単定立的に」――把握することを可能にすると主張している（Weeks 2002: 379-80）．

　しかしながら，ウィークスたちは，録音やトランスクリプトをはじめとした人工的な技術を駆使することによって明らかにすることができるのが，他ならぬ対象となっている人びとの日常的な活動であるということがどのように保証されるかということを，必ずしも明確には論じていない．このことはウィークスたちが，研究者たちが人びとの経験に接近することを可能にしているような，音楽をめぐる日常的活動と人工的な技術の関係について論じていないことが関係しているであろう.[6]　これでは，日常的な活動が人工的な技術の利用を通じて探求可能であるというウィークスの立場は，いかにして擁護可能であろうか．つづけて，視点をエスノメソドロジー研究におけるそのほかの領域へと転じることによって，日常的活動と人工的な技術との関係についての，音楽にかかわる活動におけるエスノメソドロジー研究者たちの立場が，いかにして擁護可能であるかを考察していこう．

3.3 エスノメソドロジー研究における技術

　以上のことを検討するために，本節では，会話分析をはじめとしたエスノメソドロジー研究に方向づけられた相互行為分析における人工的な技術の位置づけをめぐる，いくつかの方法論的な言明を主たる対象として，検討をすすめていく．

　検討に先だって，エスノメソドロジー研究という「フィールド」の概況について述べておきたい．すなわち，エスノメソドロジー研究において人工的な技術はどのように利用されているのだろうか．相互行為分析研究者たちが人工的な技術を利用していることを，記録すること，転記すること，そして収集することにそくして，簡単に確認しておきたい．

　記録することについては，エスノメソドロジー研究において，録音やビデオの利用は必須ではないものの，可能であればそのような記録媒体を利用することは，理想的であると考えられている（山﨑・西阪編 1997; 南出・秋谷 2013）．会話分析者たちが録音機やビデオを用いることはありふれたものとなっているが，近年においては，利用可能な技術の利用可能性には，展開の兆しがある．たとえば会話分析者のコビン・ケンドリックは，会話分析が利用可能な技術を，録音やビデオからモーション・キャプチャーや MRI による神経画像にまで拡張可能である可能性を検討（Kendrick 2017: 3-5）している[7]．

　転記することについていえば，さまざまな表記のスタイルこそあれ，ほとんどの相互行為分析の研究者たちは，トランスクリプトの利用を不可欠のものと考えている．会話分析の研究者である串田秀也は，トランスクリプトを利用することの利点を，以下のように特徴づけている．すなわち，「この作業の狙いは，それぞれの発話を『確立された意味内容』としてではなく，今まさに産出されつつある行為として見るために，それぞれの瞬間における参与者の行為選択の痕跡をできる限り拾い集めることである」（串田 2000: 181）．串田はまた，トランスクリプトのために開発された記号を，それがその開発以前には発見できなかった対象を明確にすることを可能にしたものであるという意味において，ガリレオの望遠鏡になぞらえてもいる（串田 2010）．

　収集することについては，相互行為分析の研究者たちは，データにおいて繰りかえし生じているようにみえる特定の現象を収集したコレクションを構築す

ることとともに，分析を進めている（串田 2017: 64-6）．会話分析研究者が事例を大量に収集し，そこから，会話において利用されるさまざまな表現形式を結合していくやり方（プラクティス）を「発見」してゆく手順についてのもっとも省察的なインストラクションは，会話分析研究者のエマニュエル・シェグロフが，「仄めかしだったと認めること」と題された論文において，実演的におこなっている（Schegloff 1996＝2018）．

　以上のように，会話分析研究や相互行為分析研究において，記録，転記，そして収集といった人工的な技術は，通常の研究活動に組み込まれたいたって平常なものであると理解されている．こうした概況をふまえ，本章の以下の部分においては，会話分析や相互行為分析における人工的な技術の位置づけをめぐる，いくつかの言明を収集する．そのうえで，それぞれの立場の関係を，展望のきいたかたちで記述することを目指していきたい．

3.4　「精巧なリマインダー」としての技術

3.4.1　技術への批判

　3.1においてすでに述べたように，一見すると，日常生活世界における経験を探求することと，目下の経験を営む人びとがあずかり知らぬような人工的な技術を利用することは，両立が困難なことであるように思える——このような見立ては，エスノメソドロジー研究においても，繰り返し主張されてきたものである．この点についてもっとも根源的な批判を展開しているのは，エスノメソドロジー研究者のマイケル・リンチであるように思われる．リンチは，近年の会話分析研究者たちが，ガーフィンケルとともにエスノメソドロジーを創始し会話分析の創始にもかかわった社会学者ハーヴィ・サックスの想定に反して，通常科学化をすすめていることについて，次のような不満をもらしている．[8]

　　会話分析者はもはやみずからの研究を，通常の能力を備えたメンバー［成員］（competent member）であれば誰でも認識できるはずの言語に関する理解可能な特徴を解明するものとは見なしていない．当初サックスは，通常の能力を備えた言語使用者にとって理解可能な記述に根ざした原始的科学について述べていたのだが，会話分析者はもはやこの原始的科学を目指してはいないのである．その代わり，階層的上下関係に置かれた2つの

別個の技術的能力が想定されることになる．すなわち，会話において個々
の技術を実行しまた認識する日常的な能力と，こうした技術を類似事例の
コレクションのもとで取り扱う分析的能力との階層的上下関係である．
(Lynch 1993＝2012: 280-1)

　こうしたリンチによる不満は，ガーフィンケルが提示するエスノメソドロ
ジー研究の方針をふまえると，より理解しやすいものとなるように思われる．
以下の引用において，ガーフィンケルは，エスノメソドロジー研究が，社会学
に代表されるような「形式的分析 formal analysis[9]」の目標を達成するための
選択肢のひとつなのではなく，同一の秩序に対して「代替」的な方法でとりく
む研究プログラムなのであるという主張を展開している．ここでは，ガーフィ
ンケルが主張していることそれ自体の確からしさの検証は一旦わきにおいてお
こう．しかしながら，エスノメソドロジー研究と形式的分析を対置するという
こうした見立てをもし仮に引きうけることができるのであれば，会話分析研究
者たちの営為は，あたかも，エスノメソドロジー研究が，そこから分離した形
式的分析へと回帰しているようにも思えてくるだろう．

　　　社会科学ムーブメントにおける複雑な諸方法は，いたるところで不一致
　　をともなっている．[……]そのような不一致は，代替的な秩序が存在して
　　いることを指ししめすものだ．この不一致は，形式的分析にとりくむ分野
　　にとっての専門的な主題でもあるような同一の通常の出来事における，代
　　替的な秩序の存在を表示するのである．エスノメソドロジーは，その代替
　　的な秩序にとりくんでいる．(Garfinkel 2002: 121-2)

　こうしてみると，記録，転記，そして収集といった会話分析研究者たちが利
用する人工的な技術はガーフィンケルがいうところの形式的分析の一部であり，
ゆえに，形式的分析の代替であるところのエスノメソドロジーの方針とは，一
見すれば両立が難しいものであるようにも思えてくる．
　さて，こうしたリンチが「階層的」と論難した状況に対してしばしばなされ
るひとつの擁護の方法は，人工的な技術がそなえる特徴が，研究者たちがいと
なむ活動における合理性をそなえていることを明確にすることである．たとえ
ば，ジョージ・サーサスとティモシー・アンダーソンたちは，トランスクリプ
トという技術が，それが転記しようとする会話データの完全な表象なのではな

いことを認めている．そうではなく，トランスクリプトは，作成されたトランスクリプトを利用して目指されている分析の目的に埋めこまれている限りにおいての，限定的な「完全さ」をそなえているにすぎない．サーサスたちは，次のように論じている．

　　トランスクリプトは「最終的な」，「最上の」，または「唯一の」やりかたを提示すると見なされているのではないし，達成された洞察と分析の最も主要な資源でも，あるいは唯一の資源なのでもない．産出されたトランスクリプトは，目的にかなったものとして産出されているものだ．そのような目的やその他諸々の目的は，トランスクリプトに含める発話と行為の詳細を選択することに含まれているのである．それは，具体的な分析者によって分析される発話／行為の特徴を提示することの支援として産出されているのである．(Psathas & Anderson 1990: 78)

　会話分析研究者のロレンザ・モンダダもまた，経験的なデータに基づきながら，サーサスたちと類似した主張をおこなっている．モンダダは，トランスクリプトを作成する活動それ自体を分析し，その再帰的な特徴を明確にしたうえで，目下の活動を，以下のように特徴づけている．

　　こうした類の分析は，基礎的なやり方において，複雑に重ねあわされた表象において適切な細部を固定することが可能であるということに依拠しているだけでなく，精巧に調整された協同，協調，異なる予示と連鎖的な示唆性のあいだの精巧なアーティキュレーションを転記する只中において，それらを操作すること——すなわち，異なるペース，場所，断片において何度も再生すること——が可能であるということにもまた依拠しているものである．こうした操作は，転記することが状況に埋めこまれた実践として達成されるいくつものやり方の一部なのである．それらは，技術に媒介された実践としての転記を，決定的にあてにしている．すなわち，転記をすることの文脈依存性は，一方においては転記することにおいて立ち現れるような分析目的と，他方においては転記する者の技術的なふるまいとして技術的に拡張されたプロフェッショナル・ビジョンとの間の，こうした相互的な配置から帰結しているものである．(Mondada 2007: 819)

トランスクリプトの合理性を，研究者たちの活動に条件づけられた限りでの

52

合理性としてとらえるサーサスらとモンダダの主張は，いたって穏当なもので
あるように思われる．しかしながら，他方でこれらの主張は，必ずしもリンチ
らによる批判に応答するものとはなっていないように思える．というのも，リ
ンチたちは，人工的な技術の「完全性」がいかなる条件のもとで正当化される
のかを問うているのではなく，技術が備えている人工性という特徴それ自体を
問題にしているからである．

　であるなら，仮にそのようなトランスクリプトが研究者たちの活動における
合理性を備えていることを示すことができても，それが分析対象となっている
人びとの日常的な実践から分離しているという批判に応答したことにはならな
いはずである．すなわち，リンチの批判に応じるためには，トランスクリプト
とそれを利用して解明される知見とがそなえる関係それ自体を明確にしなくて
はならないのである．

3.4.2　精巧なリマインダー

　エスノメソドロジー研究者が遂行する作業と，それを利用して解明される知
見とがそなえる関係を省察的に明確にしているエスノメソドロジー研究者のひ
とりとして，ジェフ・クルターがいるように思われる．クルターの主張のひと
つは，次のようなものだ．すなわち，会話分析と哲学における概念分析には，
重要な類似点がある．それは両者が，対象となっている表現が備えている「偶
然的にしてアプリオリ」な構造を明確にするという課題を含んでいるというこ
とである．そして，会話分析と哲学における概念分析には，重要な相違点もあ
る．それは，通常の概念分析が想像上の事例を使用するのに対して，会話分析
のほうは，経験的な（アポステリオリな）データを利用して探求をすすめていく，
ということである（Coulter 1983）．

　偶然的にしてアプリオリということが意味するのは，たとえば次のようなこ
とだと理解すればよい．「おはよう」という表現に「おはよう」という表現が
かえってこなかったとき，私たちは，「挨拶が不在だった」と有意味にのべる
ことができる．そこには，挨拶以外の無限のものが，たとえば「コップ」が，
「ボール」が，そして「アイスクリーム」が「不在」であるにもかかわらず，
である．すなわち，「挨拶が不在だった」と，有意味に述べることができると
き，私たちはたんに事実を記述しているのではなく，「挨拶 – 挨拶」という，
概念同士の結びつきを参照しているのである．むろん「おはよう」という表現

にたいして「おはよう」という表現がかえってこないことがあるように，挨拶のあと，事実としてつねに挨拶が登場するとはかぎらない――「おはよう」「今何時だと思っているの？」のようなやりとりを想像すればよいだろう．すなわち，「挨拶 – 挨拶」という概念同士の結びつきが現実に参照されるかどうかは，あくまでも相互行為上の展開にかかっている．この意味において「挨拶 – 挨拶」という概念同士が結びつくことは，常に，必ず真となるわけではない――これが，偶然的ということの意味である．さらに，ここで注意しなくてはならないのは，まえの「挨拶」にあとの「挨拶」が後続しない場合があるからといって，「挨拶 – 挨拶」という概念のペアが存在していることの確からしさは，損なわれることはないということだ．実際に生じるのは，むしろ反対のことである．すなわち，不在であることが明確であることによって，私たちは他ならぬ「挨拶 – 挨拶」のペアを，その不在のもとで，むしろ鮮明に想起する．この意味において「挨拶 – 挨拶」というペアは，経験によって確かめられるのではなく，反対に，私たちに経験をあたえている――これが，アプリオリということの意味である[10]．

　さて一見すると，アプリオリに知られうる事柄は，経験的な調査などに先行してアプリオリに知られねばならないように思える．しかし，クルターによれば，アプリオリに知られうる事柄が，経験的に知られる場合がある．クルターが依拠しているのは，哲学者のソール・クリプキによる『名指しと必然性』(Kripke [1972] 1980＝1985) における議論である．クリプキが提示しているのは，以下のような例である．計算機が正確な解答を算出することは，実際に計算をしない人でも知っている．このとき，数学者にとってはアプリオリに知られうることが，そうでない人びとにとっては経験的に，すなわち物理学の法則や機械の構造についての知識にもとづいて，知られている．こうしたことから明らかであるように，「『アプリオリに知られうる』は『アプリオリに知られねばならない』を意味しはしない」(Kripke [1972] 1980＝1985: 39-40) のである．

　以上のことからわかるのは，次の事である．すなわち，経験的なデータが必ずしも実証的な研究をおこなうためにのみ利用されなければならないと考える必要はないということ，そして，経験的なデータを利用することと，アプリオリな，つまりすでに知られうることがらを知ることとが，矛盾するとは限らないということである．そして，経験的なデータを利用しながら，すでに知られうる事柄についての知識を得ようとすること，これこそが，会話分析研究者や

相互行為分析研究者たちが経験的なデータを利用しながら従事している作業にほかならない．クルターは，会話分析研究者たちは，経験的な探究において人工的な技術を駆使することを通じて，偶然的にしてアプリオリな知識を想起するための「精巧なリマインダー elaborate reminder」（Coulter 1983: 367）を構築していると述べている．すなわち会話分析研究者たちは，経験的な（つまりフィールドワークなどを通して収集した）データを利用してはいるが，必ずしも，経験主義的な（いわば自然主義的な）探求をしているのではない．クルターも述べているように，それは，哲学者たちが命題を創作しながら概念連関を想起するような作業に類するものとして理解すべきものなのである（Coulter 1983: 362）．

リンチの批判に対して，サーサスやモンダダらによる主張を対置することと比較したとき，エスノメソドロジー研究者たちの研究活動についてのクルターによるこのような観察は，研究者たちによる作業と明らかになる知見の関係について，私たちの展望を良くしてくれるものであるように思われる．それでは私たちは，クルターによるこうした観察を踏まえることによって，リンチの批判に対してどのような応答を構成することができるだろうか．

3.5 議 論

本節では続けて，クルターによる観察を踏まえることによって，リンチの批判に対してどのような応答を構成することができるかを考察する．併せて，このことが，本章における課題——それは3.2で述べたように，音楽にかかわる活動におけるエスノメソドロジー研究者たちが前提していたような，日常的活動と人工的な技術の関係についての立場が，いかにして擁護可能であるかを考察するというものであった——といかに関係するかを論じていきたい．

会話分析者たちが人工的な技術を駆使して構築しているのが「精巧なリマインダー」であるのなら，研究者が利用する人工的な技術に対するリンチによる批判は，限定的なものとして理解することが可能であるように思われる．たしかに会話分析者たちや相互行為分析者たちは，少なくとも部分的には，日常生活世界から分離した科学的世界を構築しているといえるだろう．しかしながらクルターが私たちに想い起させるように，会話分析者たちや相互行為分析者たちがしているのは，構築された科学的世界によって日常生活世界を置き換えてしまうことではなく，それを利用しながら，日常生活世界における実践を，改

めて「想起」していくということであるにすぎない[11]．このことは，人工的な技術を利用することは，そのこと自体に問題が備わっていると考えるべきではないということを意味している．すなわち，人工的な技術を利用することの可否は，技術の特徴それ自体にではなく，目下の技術を利用することが実践の基盤たる概念同士の結びつきを想い起こすことに資するか否かにかかっている[12]．

　以上のことを踏まえれば，これまで述べてきた事柄を，次の 3 つに要約することができるだろう．まず第 1 に，エスノメソドロジーに方向づけられた会話分析／相互行為分析の研究者たちは，さまざまな人工的な技術を利用することによって日常生活世界における経験をささえている「偶然的にしてアプリオリ」な知識を想起するための作業に従事している．第 2 に，相互行為分析者たちが人工的な技術を駆使して構築しているのは「精巧なリマインダー」であり，それは，日常生活世界から分離した科学的世界によるアイロニーを行使するためだけに利用されているのではない（cf. Lynch 1993＝2012）．第 3 に，たしかに相互行為分析者たちは，専門性を備えているが，それは偶然的かつアプリオリな知識を想起するのに利用可能な「精巧なリマインダー」を構築することについての専門性であるにすぎない．

　以上の事柄が認められるとすれば，私たちはまた，3.2 で確認した音楽にかかわる活動を対象とするエスノメソドロジー研究者たちの立場を擁護することも可能であるように思われる．本章が問題にしている音楽をめぐる経験は，日常生活世界におけるさまざまな経験のひとつであるように思われる．であるなら，音楽をめぐる経験をささえる知識もまた，それを想起するために，人工的な技術を利用することができるだろう[13]．こうして，人工的な技術を利用することによって，分析者が，分析対象となっている人びととの音楽をめぐる経験に効果的に接近可能であるというウィークスによって提示されている立場は，擁護可能であると考えられる（cf. Weeks 2002）．

3.6　小　括

　ここまでの作業において，音楽をめぐる活動を対象としたエスノメソドロジー研究を導きの糸としながら，音楽に関心をもつ研究者たちが人工的な技術を利用することを，より完全な表象の構築を目ざすことなどとは別様の方針のもとで正当化することを試みてきた[14]．言うまでもなく，本章における議論は，

次章以降の議論を支えている人工的な技術を正当化するための議論としても利用することができるであろう．こうした見たてのもと本書は，次章以降の議論において，記録，転記，そして収集をはじめとしたさまざまな人工的な技術を利用しながら議論をすすめていくことになる．

　ところで本章における当初の問題は，ギアツがカメラに対して行使した論難において主張もされていたように，人工的な技術を表象として利用することには限界が備わっているらしいということであった（cf. Geertz 1973＝1987）．これに対して，本章の議論は次のことを示唆している．それは，もし人工的な技術によって，人びとの日常的な経験を表象するという企てが頓挫したとしても，私たちは，もうひとつの方針において，人工的な技術を利用することの正当性を擁護することができるということである．すなわち，人工的な技術が現実の不完全な／過剰な表象を作り出すとしても，研究者たちは，もしかれ／かの女らがエスノメソドロジー研究者でないときでさえ，こうした技術を，対象となっている人びとの日常的実践を想い起こすための技術として利用することができる．

　このような方針はまた，民族音楽学者をはじめとした研究者たちが，人びとの経験をより「正確に」表象することをめざすときでさえ，十分に有益であると考えられる．まず，人工的な技術をある種の表象として利用することと，「精巧なリマインダー」として利用することは別様のことではあるものの，決して，矛盾することではないだろう．であるなら，別種の関心をもつ研究者たちは，同一の人工的な技術を，別様の方法で利用することができる．そして，この実践の基盤を想起するという作業は，人工的な技術をある種の表象として利用しようとする研究者たちにとっても，十分に有益であるはずだ．哲学者のピーター・ウィンチは，ルートヴィヒ・ウィトゲンシュタインの哲学に導かれながら，人びとの実践を当の人びとがとりくんでいる概念抜きに考えることの無意味さを指摘した（Winch 1958＝1997）．もし研究者たちが遂行する研究活動に，人びとのしていることを当の人びとのしていることにそくして理解するという作業が含まれているのであれば，かれ／かの女らは，最終的にはそこからはなれていくことがあるにしても，まずは当の人びとが志向している実践の詳細を無視するわけにはいかないであろう．であるなら，人びとの志向をささえる概念的な基盤を想起するという作業は，人びとの経験についてのより「正確な」理解をめざす研究者たちにとっても，重要な作業となるはずである．

　このようにして，表象であれ，「精巧なリマインダー」であれ，音楽に関心
をもつ研究者たちが利用する人工的な技術は，これからもなお，その日常的な
営みの重要な構成要素でありつづけるにちがいない——たとえ後者によって営
まれるのが，いまや科学というよりはむしろ哲学のような見えを備えることに
なるとしても，である．

注

1）本章においては「人工的」という表現を，「統制的」であるということ，つまり差し
　当たりは自然生起的でないといった意味において利用している．
2）もちろん，研究者たちが利用する技術は，決してこれだけではない．そもそも，研究
　者がフィールドワークをするということからして，それは明らかに日常的な関心とは異
　なるような，何らかの特殊な関心のもとなされる（少なくとも始められる）活動であり
　うる．研究者たちはまた，自らの探求において，明かに学術用語を用いたり，研究成果
　を民族誌としてまとめたりすることもある．こうしたさまざまな事柄の全てを，本章で
　主題化することはできない．しかしながら，これらの人工的な技術もまた，本論の議論
　において参照される諸技術と十分に関係しているように思われる．
3）なお，その研究の中心に採譜という活動をすえていた研究者として，作曲家でもあっ
　たバルトーク・ベラやゾルターン・コダーイを挙げることができるだろう（谷本1987:
　132-5）．
4）山口修は，次のように述べている．「[……]テープ録音された音楽はやはり本来の現
　場から切り離されたものでしかない．ましてや，紙の上に置き換えられた楽譜ともなる
　と，それがどんなに厳密に採譜されたものであっても，テープの中の音楽がどのような
　状況のもとで，どのような意味の表現のために演奏されたかが，たとえ採譜と合わせて
　記述されていたとしても，もとの音楽現場は完全には再現できないと思うのである」
　（山口2000: 86）．
5）より具体的に述べれば，ウィークスは，1996年の論文の最後において，次のように述
　べている．「成員がなにに志向しているかということや調和の集合的達成を支えている
　能力は，明らかに，音声・映像による提示の詳細からは回復することはできない」
　（Weeks 1996: 221）．
6）より具体的に述べれば，ウィークスは，次のように述べている．すなわち，「分析は，
　それは抽象的なものであるのだが，逆説的にも私たちをよりちかしい美的な親密性へと
　いざなってくれるであろう！」（Weeks 2002: 382）．
7）具体的な研究としては *Research on Language and Social Interaction* 誌における2017
　年の特集に含まれているさまざまな論文（Kendrick & Holler 2017; Stevanovic, et.al.
　2017; Hömke, Holler & Levinson 2017; Bögels & Levinson 2017; de Ruiter & Albert
　2017）を参照のこと．
8）なおリンチは，人工的な技術に対する態度を，今日にいたるまで維持し続けている
　（Lynch 2019）．

58

9）ここで「形式的分析」と名指されているものは，それがエスノメソドロジーと対比において提示されているという点において，かつてガーフィンケルが，サックスとの共著論文（Garfinkel & Sacks 1970）において「構築的分析 constructive analysis」と名指したものと類似のものと考えてよいと思われる．構築的分析については，1.4を参照のこと．

10）本章における「偶然的にしてアプリオリ」であることについての説明は，西阪仰（1994: 64-9）による説明などを参考にしている．

11）ひとこと注記をしておけば，エスノメソドロジー研究者たちの研究実践を「想起」として特徴づけることそれ自体は，エスノメソドロジー研究において決して新しいことではない．今一度確認をしておくとするならば，本章における議論の独自の貢献は，エスノメソドロジー研究者たちの研究実践を「想起」として特徴づけることによって，研究活動において，人工的な技術を利用しながら人びとの日常的な経験を分析するという営為を正当化する，ということである．なお，エスノメソドロジー研究者たちの研究実践を「想起」として特徴づけることについてのより詳細な議論は，本章で取りあげたクルターによるものを除けば，すでに，以下ものがある（西阪 2001:11-14; 前田 2008: 50; 小宮 2011:127-32; 海老田 2018: 80-5）．

12）このことはまた，反対に，人びとと研究者たちの世界を分離してしまうことが，けっして，人工的な技術だけがそなえる問題ではないということを意味してもいるだろう．つまり，一見すると必ずしも人工的には見えないような技術でさえも，その価値は，実践の基盤を想起することに資するものになっているかという観点から，そのつど評価をしなくてはならないはずである．

13）もちろん，音楽にかかわる人工的な技術だけが備える特徴というものはあるだろう．音楽にかかわる活動の研究において人工的な技術を利用することは，たとえば，会話分析における記録，転記，そして収集といった営為とは異なり，聴取や採譜にかかわるある程度の特別な音楽能力がないと，そもそも遂行できないように思われる．こうしたことを考えれば，会話分析や相互行為分析における人工的な技術の利用が正当化できたことのみによって，音楽におけるそれを正当化することはできないように思えるかもしれない．とはいえ，ひとたび人工的な技術にかかわる音楽能力を身につけさえすれば，本論において遂行されたのと同一の正当化作業によって，音楽にかかわる人工的な技術は，正当化可能である．そのように考えれば，専門的な能力という制約は，本書の正当化作業とは異なる水準の制約と考えるべきである．

14）すなわちエスノメソドロジー研究者たちは，人工的な技術を利用することをとおして，実践の詳細を想起するための能力を拡張しているといえるだろう．ここで私たちは，ガーフィンケルが，エスノメソドロジー研究の形成過程においてかれ自らが実施した奇妙な実験を，「鈍い想像力に対する助力」（Garfinkel 1964＝1995: 36; 1967: 38）と表現していたことを想起してもよいであろう．

第 4 章

練習場面におけるエスノメソドロジー（1）
──アンサンブルにおける演奏の提案──

4.1　本章の目的

　本章の目的は，音楽家たちが演奏における「同期 synchrony」を達成するために利用している方法を明確にすることである．これを達成するために，本章は音楽家たちによって音楽演奏を開始するために利用されているひとつの連鎖構造を明確にする．のちに見ていくように，この構造は以下に示す4つの部分から構成されている．｛1｝演奏の提案，｛2｝演奏の準備，｛3｝アインザッツ，そして｛4｝演奏である．

　音楽はいかにして同期されるのだろうか．こうした関心はまずもって，音楽家たちにとってのひとつの関心事である．こと西洋近代音楽において，演奏における不調和は明らかに避けられるべきもののひとつである．実際のところ，音楽家たちによる日常的な練習の少なくともある程度の部分は，こうした演奏における不調和を取り除くために実施されている．

　こうした演奏の同期活動は，決して自動的におこなわれているものではない．社会心理学者の河瀬論 (2014) が概観してもいるように，演奏の分析をおこなった社会心理学的研究は，音楽家たちによる演奏の同期において，楽音のみならず，視線や身体動作といった多様なマルチモダリティが利用されていることを指摘している．すなわち，演奏における同期は，演奏における不断の関心なのである．

　とはいえ音楽の同期にかんする研究の大半は，すでに開始された演奏における同期の分析である．しかしながら，そもそも演奏を同時に開始するためのなんらかの方法が取り組まれているのでなければ，演奏を同時に開始することも，同期された演奏を維持することもできないだろう．この意味において，いかにして演奏を同時に開始するかが明らかになることで，演奏における同期の研究

が展開するように思われる[1].

　そこで本章では，エスノメソドロジー研究（Garfinkel 1967, 2002）の方針において，合奏開始直前における音楽家同士の相互行為に着目する．このことによって，同期を開始する実践的方法の特定を目指したい．

4.2　先行研究

　本章が問題とする合奏の開始に関わりのある研究として，まず，演奏という相互行為に着目した研究が考えられる（Weeks 1996b; Tolmie et. al., 2014）．しかしながらこれらは，すでに開始された演奏における同期の失敗と回復に着目した研究（Weeks 1996b）や，演奏者が同時にではなく段階的に参加していく形式の演奏の研究（Tolmie et. al., 2014）というべきものである．したがって，合奏の開始部分という本章の問題関心に応えるものではない．

　また，リハーサルやレッスンといった練習活動の全体構造に着目し，こうした活動が，演奏者同士の「会話」と「演奏」が交互におこなわれることによって組み立てられていることを明らかにしたピーター・ウィークスによる一連の研究がある（Weeks 1990, 1996a）．しかしながら，これらの研究は練習活動の全体構造を概略的に示すことに関心をむけており，会話から演奏への移行において利用されている技法が特定されているわけではない．

　リハーサルやレッスンといった活動に関心をむける多くの研究者は，こうした練習活動における会話を主題化している（Keating 1993; Tolins 2013; Stevanovic & Frick 2014; Veronesi 2014; Ivaldi 2016; Stevanovic 2017）．しかしながら，これらの研究は，教師が生徒の演奏における不備をなおしたり，また音楽家同士がお互いの演奏上の不備を指摘したりするために利用されている「訂正連鎖 correction sequence」と呼ばれる連鎖構造に着目したものである．

　こうした研究のなかで，マスタークラス（公開形式のレッスン）の構造や，マスタークラスにおける会話から演奏の移行を分析しているダレン・リードらの研究は，注目に値する（Reed, Reed & Haddon 2013; Reed & Reed 2013, 2014; Reed 2015）[2]．リードらは，声楽のマスタークラスにおいて教師が自らの身体を舞台から「撤退 relinquish」することによって自らの教示の完了を予示していることや，そのような予示が声楽の伴奏をするピアニストによって演奏開始の合図として利用されていることを論じている（Reed 2015）．とはいえ，こうした撤

退が演奏の予示として利用可能であることは，リードの研究対象がマスターク
ラスという活動であることに依存しているだろう（公開形式のレッスンでないので
あれば，そもそも教師が身体をわざわざ「撤退」することなど，ありそうにない）．した
がって，演奏開始のより一般的なメカニズムを明らかにするためには，マス
タークラス以外の対象に着目する必要がある．

　そこで本章では，以下のふたつの方針をとる．まず，レッスンのような教示
の完了が演奏開始の予示としても利用可能な場面などではなく，オーケストラ
やアンサンブルといった合奏のリハーサル場面に着目する．このことによって，
相互行為の参加者たちが演奏を同時に始める場面に焦点をあてる．第2に，会
話と音楽の境界部分に着目する．このことによって，会話が終わり，合奏が始
まるまさにそのときに何が起きているかを明らかにする．[3)]

4.3　データとトランスクリプト

　以上のことをふまえ，本章では，関東近辺において活動をする「オーケスト
ラ・アルファ」と「アンサンブル・デルタ」の調査データを利用する．

- ・オーケストラ・アルファ：関東近辺で活動するプロフェッショナルの古
  楽アンサンブル．調査は，2015年の3月に実施された．筆者は観察者と
  して参加し，ビデオデータも収集された．ビデオデータには，指揮者と
  音楽家たちによる，4つのリハーサル場面が含まれている．指揮者（C
  と表記する）のほかには，演奏者として，チェンバロ奏者（H），ヴィオ
  ラ・ダ・ガンバ奏者（D），バロック・ギター奏者（G），そして数名の
  歌手がいた．
- ・アンサンブル・デルタ：関東近辺で活動するアンサンブル団体．2015年
  の3-8月にかけてビデオデータの収集をふくんだ参与観察が行われた．
  ビデオデータには，N，J，そしてY（本書の筆者）からなる3名の楽器
  奏者によるリハーサル場面が収録されている．練習をしている楽曲は17
  世紀イタリアの3声からなる器楽曲であり，Nがヴァイオリンを，Jが
  チェンバロを，そしてYがチェロを演奏している．

　本章では，フィールドにおいて得られたデータを分析するために，ビデオ分
析を実施する．ビデオは合計で400分程度であり，その一部が分析される．調

査によって収集されたビデオデータは，ELAN といったソフトウェア[4]なども活用しつつ，トランスクリプトに書き起こされた[5]．

　トランスクリプトの変換規則は凡例を参照してほしいが，本章では一部，拡張的な変換規則を用いている．「jp」などと匿名化された人名の小文字に p が表記された行は，その人物による演奏やそれに類する行為が記されている．具体的には，「PLAY」は楽器の演奏であり「SNAP」は手拍子を意味している．また発話以外のふるまいは，演奏（PLAY）の具体的内容も含め，楽譜や線画で挿入した．トランスクリプトにおける「＋」や「×」の記号は演奏や線画の状況が訪れた瞬間に挿入されており，楽譜と線画の傍らに書かれた△は，対応する記号を指示するために付されている．

4.4　分　析

4.4.1　典型事例——同期を準備する

　本節ではまず，楽器を構えている場所の直前で利用されている表現の特徴を明確にしていきたい．シンプルな事例として，**断片4-1**を提示する．これは，アンサンブル・デルタの調査から得られたものである．

断片4-1　典型例（アンサンブル・デルタ）

```
01        J:    で くずれても: その- [こ（の）
02        jp:                          [SNAP
03        J:    いっ小節 単位では [戻ってくるように
04        jp:                      [SNAP
05        N:    はい
              (0.6)
06 {1}    J:    ちょっと- +最初から >やって（く?）<
```

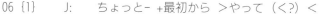

{2}　　　　　　+（0. 3）

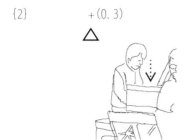

07 {2}　yp:　+× PLAY （(f 音)）

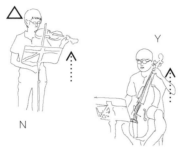

（0. 6）

08 {3}　N:　.h::
09 {4}　jp:　[× PLAY
10 {4}　np:　[× PLAY
11 {4}　yp:　[× PLAY

　断片4-1は，次のような構造をもっている．01-04行目では，まずJが指示を
おこない，05行目では，Nがそれをうけとめる．06行目において，Jが
「ちょっと最初からやってく？」とのべると，06-07行目で，YとNが楽器を
構える．08行目では吸気音が産出され，09-11行目で演奏が開始される．

　以下に，断片4-1の構造を，要約的に表現する．

　　断片4-1の構造
　　J：指示（01-04）
　　N：受けとめ（05）
　　{1} J：ちょっと最初からやってく？（06）
　　{2} N＋Y：演奏の準備（06-07）
　　{3} N：アインザッツ（08）
　　{4} 演奏（09-11）

　こうしてみると，06行目における「ちょっと最初からやってく？」という表
現には，興味深い特徴を観察することができる．すなわち，まずこの表現は一
方において，「演奏の開始」を提案しているように見える．しかしながら他方
では，実際のところ提案された「演奏」が，その直後には登場していないとい
うことである．「演奏の開始」の提案のあとには，「演奏」のかわりに，別のも
のが登場している．それは，楽器を準備するということである．ここで注意す
べきことは，その直後に演奏が現れないからといって，最初の提案が拒否され
ているわけではないということだ．実際のところ，提案された演奏は，そのす
こし後の09-11行目において登場する．すなわち「演奏の開始」の提案は，結
果として受け入れられている．しかしながら，そしてだからこそ，それは「演
奏」をすることによって応答されているのではなく，まずは演奏の準備をおこ
なうことによって，応答されている．

　では，実際のところ，肝心の演奏の本体は，なによって開始されているで
あろうか．実際の演奏の直前部分を注意深くみてみると，演奏を始めるための
別の表現を見いだすことができる．それは，08行目においてNが産出した吸
気音である．この吸気音は，演奏の開始点，すなわちアインザッツを明確にす
るために利用されている．すなわち演奏の開始は，直接的にはこのアインザッ
ツによって導かれている．

　すなわち，演奏が開始されるまでに，以下のような4つの部分からなる経過

がたどられている．{1} まず，演奏の開始が提案されている．{2} 続けてこの提案は（直接的には）演奏の準備を開始することによって反応されている．この反応的にして準備的な移行を通じて，演奏者たちは，来るべき演奏の開始に備えることをする．{3} さらに演奏者のひとりが，アインザッツを産出する．{4} そして実際の演奏は，アインザッツに対する反応として開始される．これらの連鎖が完遂されることによって，最初の提案内容は達成される．

　以上の連鎖構造を，以下に概略する．

　　連鎖構造：
　　{1} 演奏の提案
　　{2} 演奏の準備
　　{3} アインザッツ
　　{4} 演奏

　さて，{1} 演奏の提案と {4} 演奏の間にこれらのものが挟み込まれていることは，次のことを示唆しているように思われる．まず「演奏を開始」することは受け入れられているのにもかかわらず，実際に登場するのは，演奏の準備を開始することなのであった．であるならそれは，「演奏」の本体を開始するために必要とされている表現である可能性があるだろう（もし必要でないのであれば，ただちに演奏自体を開始してしまえばよいはずだ．しかし今見たように，そのようなことは起こっていない）．

　この連鎖構造が演奏を開始するためにもし必要なものであれば，このやりとりは，**断片4-1**をこえた，さまざまな場所で繰り返し観察可能であるはずである．そして，もしこの連鎖構造がさまざまな場所で繰り返し観察可能であるなら，こうした連鎖構造が音楽家たちによって現実に必要とされていることの確からしさは強められることになる．

4.4.2　提案の省略

　この節では，これまで述べてきた連鎖構造を利用するやりかたの，ひとつの「変奏 variant」（Coulter 1983）を提示する．**断片4-1**と同じくアンサンブル・デルタにおける調査によって得られた**断片4-2**の最後には，演奏の提案 {1} が省略されている．このことによってわたしたちは，このプラクティスの使い方を想い起こすことができる．

断片4-2　提案の省略 (アンサンブル・デルタ)

01		J:	ニュアンス的には持ってるから:
02			それを:: その アーティキュレーション (.) でも 持って
			(0.2)
03		N:	°はい°
04		J:	表現して (.) くれて
			(0.5)
05	[1]		えっと::: さっきのとこもっかいやる?
06	[1+2]		=さんじゅう:: +ご だっけ? =

07	[1+2]	jp:	=×PLAY ((es 音))

(0.4)

08	[2]	Y:	°さんじゅうご- はい°
	[2]		+ (0.3)

09 ［2］　yp:　　+×PLAY（（f音））

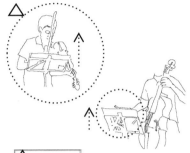

10　　　N:　　なんか
　　　　　　　（0.2）
11　　　J:　　どうしたの
　　　　　　　（1.5）
12　　　N:　　にじゅう:
　　　　　　　（3.2）
13　　　　　　にじゅうよんとか +から

14　　　Y:　　にじゅうよん
　　　　　　　（0.6）
15　　　J:　　そんなに戻るか（.）huhh
　　　　　　　（0.2）
16　　　N:　　°ん::°
　　　　　　　（0.3）

68

17   J: えっとね（.）+［そ- そこのところは］

18   yp: ［×   PLAY   ］

19   J: またあとでちょっ［と　や　］りたいので:

20   N: ［>はい<］

               （0. 3）

21   J: +うん

               （0. 5）

22 [1]   N: じゃあ またさっ［きの

23 [1]   J: ［うん さっきの

24 [1+2] N: さんじゅ+う ［（ご）

25 [2]　yp:　　　　　　　［×PLAY（（f 音））

　　[2]　　　　　　+（0.7）

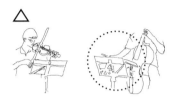

26 [3]　N:　.h:::
27 [4]　jp:　［×PLAY
28 [4]　np:　［×PLAY
29 [4]　yp:　［×PLAY

30　　　Y:　+ちょ- ちょっと はやいと思う＝

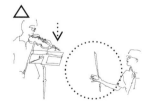

31　　　N:　＝°はい°＝
32　　　J:　＝°うん°
　　　　　　（0.8）

70

33 [2]　yp:　　+× PLAY（(f 音)）

34 [3]　N:　　.h::
35 [4]　yp:　　[× PLAY
36 [4]　np:　　[× PLAY
37 [4]　jp:　　[× PLAY

　断片4-2は，次のような構造をもっている．さしあたりここでは，便宜上3
つの部分にわけて，断片4-2の構造を概観する．
　第1部分は，音楽家たちが，楽器を準備するところまでの部分である．01行
目から02行目にかけて，そして04行目において，Jが指示をおこなっている．
03行目では，Nが受け止めている．05行目から07行目にかけては，「えっとー，
さっきのとこもっかいやる？さんじゅうーごだっけ？」と述べた後に，es 音
を弾いている．その直後の06行目と08〜09行目では，楽器が準備される．
　しかし，アインザッツは産出されない．かわりにNが，10行目ならびに
12〜13行目において，異なる開始場所を提案しなおしている．15行目，17行目，
そして19行目においてJは，Nの提案にたいして，それをする価値をみとめ

つつ，いまはその場所からは開始しないのだということを伝えている．20行目では，N はそれを受け入れている．22行目において，今度は N のほうから「じゃあまたさっきの35」と述べられ，23行目では，J がこれに応じている．24〜25行目では楽器が準備される．26行目ではアインザッツが産出され，27〜29行目では演奏が開始されることで，やりとりの軌道がもどる．これが，第2部分である．

　しかし，30行目では，Y が演奏を中断し，演奏上の問題の明確化をする．31行目では N がその指摘をうけとめる．33行目ではふたたび楽器が準備される．34行目では，アインザッツが産出され，演奏へと軌道がもどる．これが，第3部分である．以下では，**断片4-2**の構造が要約的に表現されている．

　　断片4-2の構造：
　　J：指示（01〜02＋04）
　　N：受けとめ（03）
　　{1} J：演奏の提案（05〜07）
　　{2} 演奏の準備（06，08〜09）
　　N：異なる開始場所を提案（10＋12〜13）
　　Y：開始場所の意外性をマーク（14）
　　J：不適切さをマーク（15）
　　J：提案内容の必要性を認めつつ，今は実施しないことを伝える（17＋19）
　　N：受け入れ（20）
　　J：完了（21）
　　{1} N＋J：演奏の提案（22＋24，23）
　　{2} 演奏の準備（24〜25）
　　{3} アインザッツ（26）
　　{4} 演奏（27〜29）
　　Y：演奏上の問題の明確化＝遅く弾くことを指示（30）
　　N：受けとめ（31）
　　J：同意（32）
　　{2} 演奏の準備（33）
　　{3} アインザッツ（34）
　　{4} 演奏（35〜37）

72

この断片には，{1}演奏の提案が含まれていないために，**断片4-1**とは異なる連鎖構造を備えているようにみえる場所がある．それは33行目の直前の部分である．05〜07行目や22〜24行目には，{1}演奏の提案がある．これに対して，33行目の直前には，本来あるべき提案がないということが，観察可能である．それでは，33行目におけるこうした逸脱は，連鎖構造の例外とみなすべきなのだろうか．

実際のところ，こうした「逸脱」がおこなわれることには，もっともな理由があるように思われる．注目すべきことのひとつは，33行目の直前の教示活動が，すでに開始された演奏を中断するかたちで開始され，すでに開始された演奏に対する修復のような活動としておこなわれていることである．であるなら，この教示活動は，それが遂行されたところで，すでに明確となっている演奏の開始点やこれから演奏が開始されるべきであるという事実を脅かすものとはならないはずである．これは，同じ修復活動でも，すでに提案された開始点に対する代替案を提案するために開始された修復活動（10, 12〜13行目）が，その完了時に開始点の提案をしなくてはならないこと（22, 24行目）との，対照をなしている．すなわち，それが配置される連鎖的な位置が，{1}演奏の提案の省略を可能にしているのである．

こうした「逸脱」は，その見かけに反して，目下の連鎖構造が現実に取り組まれていることのもっともらしさを，強めるものであるように思われる．すなわち**断片4-2は**，どのようなときに{1}演奏の提案が必要ないかを示すことによって，{1}演奏の提案が本来どのように利用されているかを示す例となっている．

4.4.3　逸脱事例——指揮者へのからかい

このセクションでは，プラクティスの逸脱例を提示していく．つづく断片において，ひとりの音楽家が，指揮者に対して「からかう」ことをしている．そしてこの活動は，本章が明らかにしようとしている連鎖構造の変奏を産出することによって編成されている．このことは，目下の連鎖構造がパターンとして観察可能というだけでなく，音楽家たちによって実際に参照されているということを明らかにするものである．

断片4-3は，オーケストラ・アルファの調査を通じて得られたものである．断片のなかの参加者たちは，いくつかのフランス・バロックの楽曲を，来るべ

き演奏会のために，練習している．

　この断片は，指揮者が90分ほど前から始まったリハーサルに遅れて登場した直後から開始されている（指揮者自身の説明によれば，かれはスタジオにくるさいに，誤った電車に乗ってしまったようである）．指揮者が到着したとき，音楽家たちは演奏をやめ，かれの登場を笑いでむかえる．指揮者が楽譜と譜面台を準備することによって指揮を始めようとするあいだ，ひとりの音楽家が，指揮者抜きで演奏の開始を試みる（以下のトランスクリプトにおいて，「Un」は発話者が特定できない発話の話者である）．

断片4-3　逸脱事例（オーケストラ・アルファ）

```
01      Un:     .h haha
                (0.5)
02              [hh
03      gp:     [PLAY [PLAY [PLAY
04      Un:          [(なに　間違ってんの)
05      H:                   [+じゃあ　もう適当に始めちゃ（って）=
```

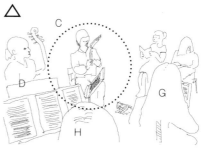

```
06 [1]  G:      =適当に始めちゃいましょう
```

07 [2] [3]　　+アン ドゥ トゥロア

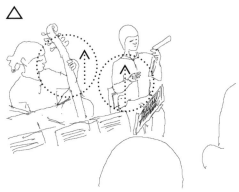

08 [4]　hp:　[PLAY
09 [4]　gp:　[PLAY
10 [4]　dp:　[PLAY

　断片4-3は，以下の構造をそなえている．01〜02行目ならびに04行目におい
て，歌手のひとりが，笑いを産出することによって，リハーサルに遅れて登場
した指揮者を，からかっている．この発言のあいだ，ギター奏者は目の前にあ
る楽譜にある音楽フレーズを演奏し，そのことによって，ほかの演奏者たちに
対してこれから開始されうる演奏を開始する準備が出来ていることを提示して
いる．05行目では，チェンバロ奏者が，指揮者の準備がおわる前に「じゃあ，
もう適当に始めちゃって」と述べている．06行目においては，ギター奏者が
「適当に始めちゃいましょう」と述べることによって応答をし，演奏が登場す
ることを，提案している．07行目ではギター奏者が，フランス語でカウントを
出している[6]．それと同時に，カウントが産出されたまさにそのとき，指揮者が
指揮を開始し，ヴィオラ・ダ・ガンバ奏者は，弓を構えることによって，演奏
の準備をおこなっている．08〜10行目において，全ての楽器奏者（ギター奏者
(G)，チェンバロ奏者 (H)，そしてヴィオラ・ダ・ガンバ奏者 (D)）は，演奏を開始す
る．

　こうした観察をふまえ，上の**断片4-3**の構造は，以下のように要約可能であ
るように思われる．

断片4-3の構造：
Un：おしゃべり（01〜02，04）
G：演奏の準備（03）
H：要求（05）
{1} G：演奏の提案（06）
{2} C & D：演奏の準備（07）
{3} G：アインザッツ（07）
{4} 全員：演奏（08〜10）

　この断片の際だった特徴のひとつは，{1} 演奏の提案を産出したギター奏者が，指揮者による {2} 演奏の準備を待つことなく，{3} アインザッツを産出しているように見えることである．このことは，ギター奏者が演奏開始のプロセスから指揮者を除外しただけでなく，ほかの全ての参加者たちに対して，かの女がそうしたということを明らかにすることを可能にする．換言すれば，かの女はこのふるまいによって，演奏に遅刻した指揮者をからかうことに成功している．

　いま，次の2つの点に注意すべきである．第1に，指揮者とヴィオラ・ダ・ガンバ奏者はともに，演奏開始の準備ができていたということである．このことは，06行目における発言が演奏の準備として利用可能であることを，私たちに，再び想い起こさせるものである．第2に，ギター奏者によるこの冗談が，{1} 演奏の提案には，{2} 演奏の準備（の完了）が続くべきであるという理解によって支えられているということである．このことは私たちをして，{2} 演奏の準備が演奏への移行時間として利用されているという事実を想起させるものとなっているだろう．

　断片4-3においてギター奏者は，指揮者へのからかいを構成している．そしてこのからかいは，本章が主題化している連鎖構造の「変奏」を産出することによって達成されている．この変奏の産出は場面との相互反映性を備えているだけでなく，目下の連鎖構造が音楽家たちによって現実にとりくまれていることの確からしさを高めるものとなっているだろう．

4.5　議　論

　以上の作業を通じて，合奏における教示と音楽の境界部分が備える連鎖構造が明らかとなった．それは，{1} 演奏の提案，{2} 演奏の準備，{3} アインザッツ，そして {4} 演奏という形式を備えているものであった．また**断片4-2**や**断片4-3**の分析において示されていたように，このプラクティスは，その「変奏」を構成しながら，さまざまな場所で利用されていた．

　こうした連鎖構造は，音楽の練習場面においていかなる合理性を備えているだろうか．演奏とりわけ合奏は，それが同期的な活動として取り組まれているがゆえに，誰かが勝手に開始することができない活動であるといえるだろう．このことが意味しているのは，音楽の演奏のためには，それに先立ってなんらかの合意のようなものが必要だということである．本章が明らかにした連鎖構造は，こうした合意形成のために利用可能であるように思われる．すなわち，来るべき演奏の同期という時間的秩序 temporal order を準備するための連鎖的秩序 sequential order として，この連鎖構造は利用可能である．

　本章における分析はまた，先行研究との比較のもとでは，演奏を開始するための，より一般的な技法を明確にするものであった（cf. Reed 2015）．こうした知見はさらに，会話から演奏への移行をおこなうための技法を特定したことによって，練習場面を対象としたような既存の会話分析（cf. Keating 1993; Tolins 2013; Stevanovic & Frick 2014; Veronesi 2014; Ivaldi 2016; Stevanovic 2017），演奏分析（cf. Weeks 1996b; Tolmie et. al., 2014），そして練習活動の全体の構造の分析（cf. Weeks 1990, 1996a）を展開していくものでもありうるだろう．

4.6　小　括

　本章では，演奏の開始部分に着目することを通じて，音楽における同期を開始するために利用可能な，ひとつの実践的方法を明らかにした．

　本章の分析が提示していることのひとつは，音楽における同期が，当の同期に先立って，あらかじめ準備されているということである．このことは，この同期のための基盤は，同期そのものを超えて時間的に拡張されているということを意味している．であるなら，本章の研究によって，ダンスや遊びといった

同期をともなうさまざまな活動についての理解が深まっていくかもしれない．また音楽における同期に理論的な関心をもつ研究者たちも，同期が開始される直前のやりとりへとその観察対象を拡張することによって同期の成立条件についての議論を深めていくことができる可能性がある（cf. 河瀬 2014）．[7]

　とはいえ重要なのは，本章が明らかにした連鎖構造が，当の音楽家たちによって取り組まれている現実の連鎖構造であるということだ．この意味で本章の研究は，いかにして同期を開始するかということだけでなく，そもそも同期とはいかなる困難を含んだ課題なのかということや，同期という課題に対処するために，いかなる実践的方法が取り組まれているのかを提示するものである．すなわち，同期という問題が私たちの日常生活世界においていかなる位置をしめているのか，音楽家たちが利用するこの小さな連鎖構造は，そうしたことの一端を，わたしたちに想い起こさせてくれる（Garfinkel 1967, 2002）．

注
1）音楽の同期にかんしてもっとも基底的な水準で考察をおこなった研究者として，現象学的社会学者のアルフレッド・シュッツがいるように思われる（Schutz 1951＝1991）．シュッツの観察によれば，演奏における同期は内的時間における「相互同調関係 mutual tuning-in relationship」とかれが呼ぶ機制によって可能となっている．しかしながら，その相互同調関係がなにによって可能となっているかは論じていない．
2）リードたちによる研究については，第 2 章を参照のこと．
3）本章が検討する演奏開始直前のやりとりに着目しているわけではないものの，リハーサルにおける弦楽四重奏の演奏の中断と再開がどのような手順によって進められるかを概略的に記述している研究としては，横道大輔・西田紘子（2017）を参照のこと．
4）ELAN の概要やその活用についての平易な解説などは，細馬宏通・菊地浩平（2019）を参照のこと．
5）むろん，トランスクリプトはビデオデータそのものではない．しかしながら本章は，これを用いることで，音楽家たちの経験へと効果的に接近可能であるという立場をとる．この点については，第 3 章における議論を参照のこと．
6）これは，参加者たちが演奏しようとしている楽曲がフランスの作曲家によって作曲されたものであるからである．
7）これと同様の指摘が，シュッツに対してもおこなうことが可能であるだろう（cf. Schutz 1951＝1991）．

第 5 章

練習場面におけるエスノメソドロジー（2）
──演奏をつうじた説明可能性の編成──

5.1 本章の目的

　本章の目的は，音楽の演奏場面を主たるフィールドとして，人びとが取り組んでいる音楽活動がいかなる意味や理解に支えられているか，そしてその意味や理解がいかなる素材を利用することによって編成されているかを，エスノメソドロジー研究の方針において明らかにすることである．こうした作業を通じて本章は，人びと自身が日常的におこなっている知識や身体をめぐるひとつの分析それ自体を明確にしていくことを試みる．

　音楽が，いかなる過程を通じて「意味」や「力」をもつのかという主題は，社会学や人類学などに方向づけられた音楽研究において，繰り返し論究されてきた主題のひとつである．特に近年の音楽研究は，旧来の本質主義や機能主義的前提を回避していくなかで個別具体的な「出来事 event」としての音楽へと関心をむけることによって，音楽における意味が出来事としていかなる過程を通じて構築されるかといったことが主題化されている（Hennion [1993] 2007＝2015; Small 1998＝2011; DeNora 2000, 2003; Born 2005; 中村 2013; 吹上 2015）．こうした個別具体的な事例にそくした研究が進められることによって，音楽がもつ意味が多様化しているような現代的な社会生活の様態（吹上 2018）や，ときに音楽が人びとを「癒し」たりしていくことの仕組み（中村 2017）などが，明らかとなる可能性がある．

　このとき着目すべきことのひとつは，いずれの研究においても，単に人びとの活動が音楽のもつ意味を条件づけるだけでなく，音楽それ自体が人びとに対していかなる経験の可能性を与えているかということを分析に含めようとしているということである．たとえば音楽社会学者のティア・デノーラは，音楽が備えうるこうした特徴を，音楽の「アフォーダンス」と呼んでいる（DeNora

2003: 46-7）．具体的にはデノーラは，行進におけるリズムや集団歌唱において
生じる倍音などをはじめとした音楽的要素が人々の活動を「可能にする（ア
フォードする）」例を挙げながら，音楽における社会学主義的方針が退けてきた
自律的な側面を回復することをめざしている（DeNora 2003: 47-8）．

　ここで留意すべきことは，デノーラはアフォーダンス概念をジェームズ・ギ
ブソン（Gibson 1966＝2011）によるそれから拡張的に用いることで，それが人々
の活動のなかで構築されていく側面を強調しているということである（DeNora
2000: 38-41）．拡張されたアフォーダンス概念のこうした側面は，デノーラが
「音楽的出来事 musical event」と呼ぶ図式において特に認めることができる
（DeNora 2003: 49）．デノーラはまず，アフォーダンスとしての音楽の構築過程
を，「出来事の前」「出来事の最中」そして「出来事の後」3つの時間に分割す
る．そして「出来事の最中」を「行為者（A）」「音楽（B）」「音楽にかかわる行
為（C）」「Cの局所的な条件（D）」そして「環境（E）」の5つの構成要素に分
割したうえで，これらの時間の流れと構成要素のなかで，行為者にとって音楽
がいかにしてアフォーダンスを備えるにいたるかを，デノーラが「全体論的な
視点」（DeNora 2003: 156）とよぶ構えのもとで，理論的に主題化するのである[1]．

　とはいえ，音楽のアフォーダンスが具体的な音楽的出来事のただ中において
どのように構築されているかについての経験的研究は，目下のところ，少なく
とも積極的になされているとはいえないように思われる．実際，最も頻繁にお
こなわれるのは文献資料や歌詞の分析（吹上 2015; 中村 2017）であり，音楽それ
自体が分析されたとしてもそれは，音楽作品の楽譜の分析（Nakamura 1999）と
してなされている．すなわち，演奏そのものに対して意味がどのように与えら
れるかを研究していくことは，ひとつの課題となっているといえるだろう．

　そこで本章では，ふたつの方途をたどることを通じてこの課題に取り組んで
いく．第1に，エスノメソドロジーに方向づけられた相互行為分析[2]をすすめて
いくことによって，演奏を通じた説明可能性 accountability が編成されてい
くやり方を解明していくことである．これはより具体的にいえば，ある演奏が
なんらかの仕方で理解できるものとして編成されているとき，そのような理解
がどのようにして編成されているかということそれ自体を分析していく，とい
うことである．第2の方途は，具体的なフィールドとして音楽リハーサルを対
象とすることで，活動において音楽と言葉が織りなされるありようを明らかに
することである．このことによって，演奏の説明可能性を，発話の説明可能性

80

との比較を通じて特徴づけていくことをめざすことが可能となる[3].

5.2　先行研究

　エスノメソドロジーに方向づけられた相互行為分析において演奏の研究と発話の研究はそれぞれ，調査が遂行されるフィールドを二分しながら取り組まれてきた．すなわち演奏の相互行為分析は，アンサンブルにおける失敗と復帰を分析した研究（Weeks 1996b），パブにおけるアイルランド音楽のセッションのなかで次の楽曲を決めていく活動の分析（Tolmie, Benford & Rouncefield 2013），そして，ライブにおける演奏者と聴衆の相互行為を分析した研究（Pehkonen 2017）といったかたちで，本番の場面をフィールドとして取り組まれてきた．他方，リハーサルやレッスンといった練習場面（Keeling 1993）がフィールドとなるとき，主にはそこでは，なにかを「教示」することなどといった，発話同士の構造が主題化された．

　もちろん会話分析のなかには，リハーサルやレッスンにおける発話とともに身体動作や演奏といったマルチモダリティが編成されていく場面を扱った研究も存在している．とはいえそれらの研究はいずれも，演奏自体がいかにして構成されているかを分析するのではなく，あくまでも発話の連鎖構造のなかに配置された演奏が，いかなる行為として理解されているかを主題化するものとなっている（Tolins 2013; Duffy 2015; Stevanovic & Frick 2014; Stevanovic 2017; Ivaldi 2016）.

　このようにしてみると，演奏はあくまでも活動を組み立てている連鎖構造におけるその場所 position が主題化されているのであり，それを理解可能なものとして構成すること composition にかかわる方法は，必ずしも主題化されていない．

　とはいえ，すでに見たように本番の研究があくまでも演奏の研究として取り組まれていることを考えれば，演奏それ自体の構成を主題化していくことになんらかの困難が含まれていると考える理由は，特にないはずである．そこで本章では，演奏の構成作業それ自体を，会話のなかに演奏が組み込まれているような場面ではなく，演奏の中に会話が組み込まれているような場面の分析を通じて捉えていく．このことによって，発話，身体動作，そして演奏などが，活動のなかでいかなる理解可能なまとまり（マルチモーダルなゲシュタルト（Haviland 2007)）を構成するかを跡づけていく．

5.3　データとトランスクリプト

　本章が対象とするデータは，筆者が実施した調査によって得られたものである．筆者は2015年に「アンサンブル・ガンマ」（仮称）という関東近辺で活動をするアンサンブルにおいて参与観察をおこなった．アンサンブル・ガンマはFさん（以下F）を中心として，主としてアマチュアの音楽家たちによって組織された団体である．筆者は2015年4月に，個人所有のスタジオでおこなわれた非公開の演奏会とそのリハーサルにおいて演奏を賛助するようなかたちで参与観察をおこない，リハーサルと本番の両方についてビデオの収録などを実施した．

　本章では，リハーサルの場面を収録したビデオデータから抜粋することによって得られた約30秒の断片を分析していく．断片のなかでは，フラウト・トラヴェルソ奏者のFとヴァイオリン奏者のVさん（以下V）が，18世紀フランスの音楽家ジャック・オトテールによって作曲された二重奏の組曲を演奏している．ビデオには一部のみが映っているが，同室にはスタジオの所有者をふくむ5名程度のオーディエンスが，演奏者たちと向かい合うかたちで座っている．

　本章の目的に鑑みて，トランスクリプトは，慣例とは異なるようなやや特殊なやり方で作成された．まずビデオデータに登場する人物それぞれについて，演奏を採譜した上段と発言を書き起こした下段を割り当てた．上段については，演奏を実際の音高と音価（音の長さ）で五線譜に採譜したうえで，可能な場合は，テンポを記した．また本文での参照を目的として，小節番号とリハーサルマークを記した．小節線については，特に演奏がおこなわれていないようにみえたときは破線に変更している．下段については，一本線を利用し，発言を書き起こした．ふるまいにかんする注記などを二重の丸括弧でおこなったほか，発言がリズムを伴っているようにみえた場合は，音価を併記している．表記法にかかわる以上のことがらは，図5-1において示されている．

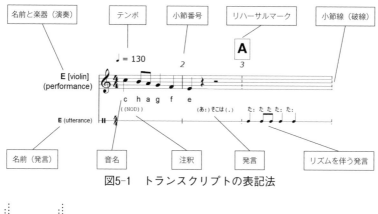

図5-1　トランスクリプトの表記法

5.4　分　析

　これから分析をおこなう断片には，Vが二重奏の演奏を中断し，その後再開する場面が含まれている．予備的な説明をしておくと，フラウト・トラヴェルソを奏するFとヴァイオリンを弾くVは，ともにひとつのスコア（総譜）を目の前において演奏をしている．図5-2には，FとVが実際に目にしているスコアの一部を，そして図5-3には，本章が分析をする断片のトランスクリプトを提示した[6]．断片のなかでVは，スコア13頁目を演奏し終え14頁目に入ろうとする直前に，それまでおこなっていた演奏を，不意に中断する．断片の最後においてVとFはともに演奏を再開することになるが，この過程においてVは，目の前にあるスコアの一部を何度か弾き直しているようにみえる．本章が問題としたいのは，これらの弾き直しがそれぞれ，どのような仕方を通じて異なる演奏として区別可能なものとされているかということである．こうしたことを手掛かりとして，演奏それ自体の説明可能性がどのように編成されているかをあとづけていきたい[7]．

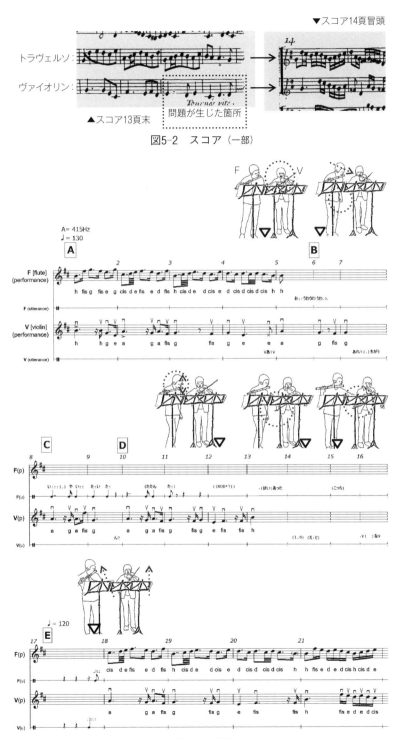

図5-2　スコア（一部）

トラヴェルソ：

ヴァイオリン：

▲スコア13頁末

問題が生じた箇所

▼スコア14頁冒頭

図5-3　断片

84

　次の**図5-4**には，断片の１-５小節目の部分を，再び引用してある．断片の１
小節目から４小節目においてＶは，Ｆとともに，スコア13頁最後の４小節を
演奏している．ところがＶが４小節目において奏する最後の八分音符（四角で
囲んでおいた）は，ｅ音の場所で奏されているようでありながら，不完全に発音
されている（×）．またＶはｅ音を発音する直前に笑みの表情をみせ，「あ？」
という発言を，ｅ音と同時に，かつ笑いを含んだ発話として産出している．そ
の中断を笑みの産出のあとにおこなうことによってＶは，演奏の中断を自ら
おこなったのだということだけでなく，直前においてその中断するに値する問
題が生じたことを伝えてもいる．すなわちＶは，４小節目におけるこのふる
まいを，直前において自らの演奏が原因となって生じた問題への反応として編
成している．

図5-4　1-5小節

　Ｖによるこうした中断に対して，Ｆもまた，５小節目の１拍目において，演
奏を中断すると同時に「おーうわうわうわ」と述べている．さらにＦは，譜
面をのぞきこむような体勢をとり，併せて，楽器を口元で支えるための右手を
維持しながら左手のみを下に降ろす（**図5-5**）．この左手を下に降ろすというふ
るまいを通じてＦはまず，Ｖによってもたらされた問題をＶとともに解消し
ていく姿勢を整えるということをしている．それと同時に，Ｆはこのことを，
もう一方の右手を使い，楽器を口元で支えながらおこなっている．このことは
Ｆが，これからその解消が開始される目下の問題が，楽器を構えている体勢を
維持しながらでも解決可能ないわば軽微な問題であり，ゆえに演奏をすぐ再開

していく可能性に志向していることを，示してもいるだろう．

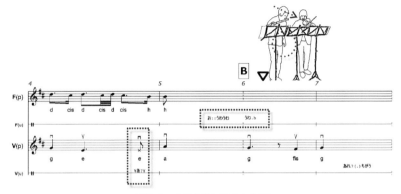

図5-5　4-7小節（F を中心に）

　つづく 6 小節目において V は g 音と fis 音を奏し，7 小節目では g 音を奏する．さらに V は，この 7 小節目の g 音を奏するやいなや，直ちに「あれ？ちがう」と述べている．この 6 小節目から 7 小節目にかけて奏された g 音，fis 音，そして g 音という 3 つの音は，V が直前の 3 小節目から 4 小節目にかけて演奏した g-fis-g 音と，音・リズムともに同一の音型であり，わたしたちはここに，V が，3 小節目から 4 小節目の音型を 6 小節目から 7 小節目において繰り返していることをみることができる（図5-6）．つづけて「あれ？　ちがう」と述べることによって V は，演奏をし直した問題含みの部分が 3 - 4 小節目であるという理解を示すことと併せて，目下の問題をもたらしている読譜上の原因がそれを述べた時点ではまだ特定できていないこと，ゆえに V 自身が，その特定作業を継続すべき状態におかれているということを伝えてもいる．

図5-6　6-7小節における繰り返し

　8小節目から9小節目にかけてVは，今度は，a音，g音，a音，fis音，そ
してg音からなる音型を演奏している．これは，2小節目から3小節目にか
けて奏された音型の繰り返しであり，したがってここでは，Vがこの2-3小
節目を，8-9小節目においてやりなおしていることが観察可能である（図5-7）．
この再試行が，読譜上の問題があくまでも3-4小節目に含まれているという
Vによる理解の示しに後続してなされていることを考えれば，ここでVは，
3小節目と4小節目の演奏を，問題となっているその場所から開始するのでな
く，その直前の部分にあたる2小節目から開始することによって，2小節目か
らの連続性において3-4小節目を捉えなおそうとしているのだと理解できる
であろう．

図5-7　8-9小節における繰り返し

　しかしながら，すでに奏された2-3小節目にかけてのa-g-a-fis-g音型と，
新たに奏された8小節目から9小節目におけるa-g-a-fis-g音型とには，後者に
おけるfis音が1オクターブ高く奏されているという差異が，新たに生じてい
る（図5-8）．いわばVはここで，2小節目からやり直すことそれ自体に失敗し
ているのであり，こうした理解の確からしさはまた，9小節目のg音が中断
されるやいなやVが直ちに「ん？」と述べていることを通じても与えられて
いる（こうしたふるまいはまた，すでにみた4小節目や7小節目と同じく，単に演奏を中断
しただけでなく，その中断がなされた理由を伝えてもいるだろう）．

図5-8　2-3小節と8-9小節における差異

　そして実際に，Ｖがつづけておこなうのは，やり直すことをやり直すことである（図5-9）．a-g-a-fis-g 音からなる音型は，10小節目から，再び開始される．この再試行においてＶは，今度は演奏を中断するためのあらゆる技法を13小節目まで利用しないことによって，その時点まで問題が生じなかったこと，そして問題を含みうる場所が完了したのだという理解を示している．

図5-9　10-11小節における繰り返し

　3-4小節目において生じた問題の解決がＦによっても認められたことが示されると，14小節目から17小節目にかけては，ＦとＶが演奏をともに再開する場所を決定するための，発話と身体動作を利用した短い交渉がなされる（図5-3）．このふるまいにおいてＶは，3-4小節目における問題が，18小節目から開始された演奏において単に解消されただけでなく，その問題が生じた原因が特定されることとともに解消されたこと，換言すれば，これから開始される演奏において同じ問題は生じないということについてのＶの見立てもまた，伝えている．再開のための交渉につづけて，18小節目からは，ＦとＶによる合奏が開始される．この合奏はまたしても，演奏を中断するためのあらゆる技

88

法が再び利用されないことによって完遂される．こうして V と F の演奏は，スコア（**図5-2**）の13頁目から14頁目へと移行する．

5.5 議 論

　ここまでの分析をまとめると，次のようになる．すなわち，中断された最初の演奏（1 - 4 小節）における読譜上の問題は，3 回の試行（それぞれ 6 - 7 小節，8 - 9 小節，そして10-13小節）を経て解消され，演奏の再開（18小節目-）に至っている．なおトランスクリプト（**図5-3**）においては，説明の便宜上，それぞれの 5 つの演奏の開始点に対して A-E のアルファベットによるリハーサルマークを，予め記している．これをもとにそれぞれの演奏の関係を要約的に図示すると，**図5-10**のようになる．

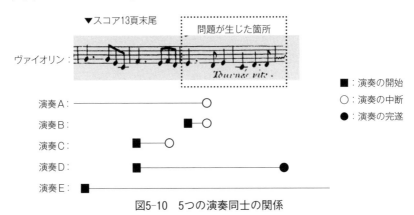

図5-10　5つの演奏同士の関係

　こうしてみると，一方において，演奏 A から演奏 E のそれぞれの演奏は，他の演奏との連鎖構造を構成することによってひとつの修復的活動の要素となっており，この意味においてひとつひとつの演奏は，その他の演奏との互いを条件づけしあうような関係を備えていることを，まずはみてとることができる．他方において，これまで分析をおこなってきたように，それぞれの演奏がそのような修復活動に類する連鎖構造の要素として理解できることそれ自体は，まずはそれぞれの演奏が，すでに演奏された音型を繰り返すことをはじめとした，しかるべき仕方で編成されることを通じて可能となっているだろう．

　本章の分析は，こうした意味において，相互行為において演奏というふるま

いがいかに利用されているかを主題化してきた研究を展開するものとなっている．すなわち相互行為における演奏を主題とした既存の研究（Tolins 2013, etc.）が演奏の発話における連鎖上の位置に着目することによって研究をすすめてきたのに対して，本章は，演奏そのものを構成していくために利用可能な，ひとつの具体的なやり方を明らかにするものとなっている．

5.6　小　括

　本章が目指したのは，音楽リハーサルのエスノメソドロジー研究をすすめていくことで演奏における説明可能性を跡づけていくことであり，こうした作業を通じて，音楽のアフォーダンス（とデノーラが呼んだもの）を主題化する議論に貢献しようとすることであった．ビデオデータのなかのいわば小さな「音楽的出来事」（DeNora 2003）に着目することで本章は，繰り返される一連の演奏がそれぞれ区別可能なものとして構成されたり，ひとつの演奏が次のふるまいの可能性を方向づけたりする局面を明らかにすることによって，音楽が私たちの経験を可能にしていくひとつのあり方を捉えてきた．

　とはいえ，本章が跡づけていった説明可能性と，デノーラがアフォーダンスと呼んだものとが決して同じものではないということには，注意が必要であるように思われる．というのも，デノーラのいう音楽におけるアフォーダンスというものが音楽的出来事という理論的図式のもとで特定されていたのに対して，本章が特定した説明可能性とは，まずもって，F と V 自身が相互行為のただ中において特定している説明可能性を，再び特定しなおしたものに他ならないからである．この意味で，デノーラのいうアフォーダンスというものはあくまでも，音楽がさまざまに備えうる説明可能性の，理論的に特定されうるひとつの形式であるにすぎないということがいえるだろう．

　したがって，本章における議論が含むより重要な含意は，アフォーダンスのような理論的構成物でさえ，人びとの日常的活動が編成する説明可能性との関連が示されることによってはじめて，人びとについての（理論的な）理解をすすめていくことに利用可能であるということである．この意味において本章の議論は，音楽にかかわる人びとの日常的活動のひとつの様態を経験的に明らかにするというのみならず，そのような日常的活動と音楽研究者たちの専門的活動との結びつきを，改めて想い起こさせるものであるといえるだろう．

注 ————————————————————————————————————

1 ）デノーラによる「音楽的出来事」については，1.3も参照のこと．この概念の平易な
紹介については，再び，吹上裕樹（2015: 34-6）や西島千尋（2015: 24-6）による論
文なども参考としていただきたい．

2 ）エスノメソドロジーとは，理解可能な現象を，その現象を編成するために利用されて
いる方法論ならびにその方法論を解明する研究プログラムの両方を指示するために，ア
メリカの社会学者であるハロルド・ガーフィンケル（Garfinkel 1967）が案出した表現
である．1.4も参照のこと．

3 ）ガーフィンケルはエスノメソドロジー研究を，人びとがおこなっている実践的研究が
明確に観察できることが期待できるような「明白な場面 perspicuous settings」におい
てすすめることを勧告している（Garfinkel 2002）．こうしたことを踏まえればリハーサ
ルという場面は，演奏における説明可能性の編成を跡づけていくという本章による方針
を遂行するためのひとつの明白な場面を構成すると思われる．1.5も参照のこと．

4 ）フラウト・トラヴェルソ Flauto traverso は，さしあたりここではバロック時代のフ
ルートのことであると理解しておけばよい．

5 ）Hotteterre, J. (1712). *Première suitte de pièces suite de pièces à deux dessus, sans
basse continue: Pour les flûtes-traversières, flûtes à bec, violes.* Paris.

6 ）必要に応じて，**図5-2**における最初の 4 小節とスコア13頁末尾の 4 小節の対応を確認
していただきたい．なおスコアにおいてはいわゆる「フレンチ・ヴァイオリン譜表」な
どと呼ばれる，現在私たちに馴染みのある高音部譜表とは 3 度異なる譜表が使われてい
ることや，F と V がともにリズムを変奏しながら演奏をしているために，**図5-2**のスコ
アと**図5-3**のトランスクリプトとが見かけ上は必ずしも完全には一致しない点には，注
意が必要である．

7 ）先取り的に述べておくと，ここで生じているのは楽譜上のリズムを誤解することに
よって生じた誤りであり，続く活動において V は，この誤解を解消していくことを指
向していくことになる．

8 ）本章では詳述しないが，F のほうのふるまいもまた，こうした V の理解をなぞるよ
うなものとなっている．まず F は 8 小節目から 9 小節目にかけて，V の演奏とともに
リズムをうたうことをしている．9 小節目において V が演奏を中断すると，F もまた
うたうことを中断する．V の演奏が10小節目において再開されると，F もまたうたうこ
とを再開する．12小節目において問題となっている箇所がクリアされると，F は細かく
何度も頷くことをする．加えて13小節目において F は，V による演奏が完遂した時点
において「はい合った」と述べている．

第 **6** 章

練習場面におけるエスノメソドロジー（3）
──相互行為としてのチューニング──

6.1 本章の目的

　本章の目的は，音楽家たちの日常的な活動としての「チューニング」がいか
にしておこなわれているかを相互行為分析の観点から明らかにする作業を通じ
て，「ピッチ（音高）を合わせること pitch matching」を成し遂げるために音楽
家たちが用いている方法の一端を記述することである．

　ピッチを合わせることは，音楽家，とりわけクラシック音楽などといった西
洋近代音楽に従事する演奏者たちにとって，日常的かつ重要な課題とみなされ
ている．専門化／非専門家を問わず，演奏の練習をする者であれば誰であれ，
練習の最初にはチューニングをおこない，正しいピッチを実現してから練習を
開始するものである．また日々の練習における最大の関心のひとつは，演奏上
のピッチの不良を解消することなどにむけられている．時には，演奏における
ピッチの不良が，ある音楽家の「能力不足」を物語ってしまうこともあるだろ
う．このようにして，ピッチを合わせることは音楽家たちが注意を払っている
数多ある関心のひとつにすぎないが，それが際立って重要な関心事であ
ることは明白であるように思われる．

　一見すると，このピッチを合わせることは，楽器奏者が演奏する楽音のピッ
チを，なんらかの客観的な基準に合わせるといった認知的な能力のみをあてに
して実施されるような活動のことであるように思われるかもしれない．だがス
ティーブン・モリソンとヤニーナ・フュークが音楽心理学的な研究のレビュー
に即して強調するように，現実の演奏において適切とみなされる「正しい」
ピッチは，場面や音楽的な文脈に応じて多様である[1]．モリソンらの主張からも
窺えるように，ピッチを合わせることは，客観的な「基準」というよりは「主
観的な」感覚に依拠して取り組まれていることであり，音楽家たちの多様な音

楽性に応じて，その都度「歩み寄」られているものなのである（Morrison & Fyk 2002＝2011: 304）．

　以上のことは，ピッチを合わせることには，音楽家たちが相互の理解を調整し合うことによって成し遂げられるような，いわば相互行為的な側面が含まれていることを示唆している．そこで本章は，音楽家たちがおこなうチューニング場面を相互行為分析の観点から分析することを通じて，ピッチを合わせることがいかにして成し遂げられているかを跡づけていくことを試みたい．無論，活動としてのチューニングは，ピッチを合わせることそのものではない．だがピッチを合わせることという観点からは，活動としてのチューニングが単にその代表的な活動のひとつであるだけでなく，際立った可視性を備えた活動でもあると言えるであろう[2)]．したがって，チューニング場面は，本章が，音楽家たちがピッチを合わせることを成し遂げるために用いている方法を明らかにすることを試みる際の負荷を，軽減するような対象であるに違いない．

　本章の議論は，以下のように進められる．6.2では，既存の相互行為分析が，音楽家たちがピッチを合わせることを志向している場面を分析対象として扱ってはいるが，ピッチを合わせることの特徴それ自体が探求されているわけではないことを確認し，本章の方針を明確にする．6.3では，分析対象となるデータについての概況を述べたうえで，本章の方法論についての注記がおこなわれる．6.4では，データの分析を通じて，音楽家たちが，チューニングにおいて「n＋n＋s」と要約可能なプラクティスをその活動の中で体系的に用いていることを例証する．6.5では，この「n＋n＋s」というプラクティスの特徴についての考察をおこない，そのプラクティスのシンプルさが，チューニングという活動の遍在性や可変性と関係している可能性について論じる．6.6では，本章における議論を結論としてまとめたうえで，今後の研究の展望について言及する．

6.2　先行研究

　6.1において述べたように，本章が取り組む課題は，チューニング場面の相互行為分析である．だがピッチを合わせること，ましてや活動としてのチューニングを主題化した相互行為の研究は，ほとんど存在していない．数少ない例外のひとつとして，オーケストラのリハーサル場面における相互行為分析をおこなっているキャサリン・パートンは，その議論の一部において，ピッチを合

わせることをめぐる指揮者と楽器奏者たちの相互行為を分析している（Parton 2014）．

　パートンは，指揮者が，オーケストラにおける特定のパートのピッチについての評価を提示する場面の分析をしている．かの女の分析によれば，指揮者は，自らのインストラクションの具体性を段階的に高めていくにしたがって「聞こえる I hear」や「思う I think」などといった表現を用いることで，目下のインストラクションが，指揮者自らの主観的な感覚に依拠しておこなわれたことを提示することがある（Parton 2014: 410- 2）．パートンは，こうしたいくつかの場面を分析したうえで，指揮者がオーケストラに対するインストラクションをおこなう際，その音楽的な状態についての自らの評価を，主観的なものとして提示することが，指揮者が80人近い専門的な楽器奏者たちに対してかれ／かの女らの専門性を損ねることなく指示をおこなうことを可能にするような仕掛けとなっているということを指摘している（Parton 2014: 415- 6）．

　パートンの議論は，単にその一部において音楽家たちによるピッチを合わせることをめぐる相互行為を分析しているというだけでなく，その状況性に目を向けている点において，本章とかかわるものであると言える．だが，かの女の関心はあくまでも，指揮者と楽器奏者たちが，その相互行為において，理想的な演奏をめぐる認識の勾配 epistmec gradient をいかなる方法を通じて解消しているかということに紐づけられている．この意味において，パートンの分析は，ピッチを合わせることが志向されている場面の分析をおこなっていると言うことは可能である一方，ピッチを合わせることを志向した相互行為を特徴づけるような作業に取り組んでいるとは必ずしも言えないものになっている．したがって，本章が目的とするピッチを合わせることの分析には，パートンとは異なる対象が必要であることは明らかであると考えられる．

6.3　データとトランスクリプト

6.3.1　データ

　チューニング場面の相互行為を明らかにするために，本章では，チューニング場面を収録したビデオデータの分析を試みる．分析に用いるのは，筆者が2015年の 3 - 8 月にかけて国内で実施したフィールドワークを通じて収集したビデオデータの一部である．ここでは，特に 8 月に K 県で実施されたリハー

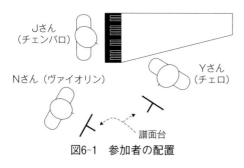

図6-1　参加者の配置

サルを収録した40分弱のビデオデータの分析をおこなう.

　ビデオデータには, N さん（以下 N）, J さん（以下 J）, そして Y（筆者）の3名の楽器奏者によるリハーサル場面が収録されている. 練習をしている楽曲は17世紀イタリアの3声からなる器楽曲であり, N がヴァイオリンを, J がチェンバロを, そして Y がチェロを担当している. 以下, 参考として, 参加者ら3人の配置の概略を図示しておこう（図6-1）.

　本章において分析をおこなうビデオデータについて, 分析の前提となるような, 予備的な情報を記しておく. チューニングの基準音を与える鍵盤楽器であるチェンバロは, a 音（A5音）が予め415Hzとなるように調律されており, ヴァイオリン奏者である N とチェロ奏者である Y は, その基準音に合わせて自分たちの楽器のチューニングをおこなわなくてはならない. 通常, ヴァイオリン属のチューニングは, 楽器のペグを調整することでa 線, d 線, そしてg 線の順番でおこなわれ, 第1弦にe 線を有するヴァイオリンは最後にe 線の, また第4弦にc 線を有するヴィオラやチェロといった楽器は最後にc 線のチューニングをおこなう. それぞれの弦はチューナーやチェンバロなどを基準としながらひとつの弦ごとに調整されることも多いが, すでにチューニングをおこなった隣の弦との完全5度音程の響きをあてにしながら, 弦楽器奏者自身が, 独力で次の弦のピッチを合わせることもできる（たとえば, 次に調弦をおこなうd 線を, すでに調弦が終了している隣のa 線との完全5度音程の響きをあてにすることによって調弦するという具合に, である）.

　本章で実際に分析をするのは, 2つのヴァイオリン属の楽器（ここではヴァイオリンとチェロ）が, ともにd 線のチューニングをおこなうために, チェンバロ奏者である J が Dm 和音を繰り返し弾くことによって基準音を与え続けている場面である. 本章では特に, その中の, ヴァイオリン奏者である N がチューニングをおこない, そして, そのチューニングが終了する場面を扱うことにする.

6.3.2　トランスクリプト

　本章では, ビデオデータに収録された相互行為を分析するために, ビデオ

データから作成したトランスクリプトの分析をおこなう．すでに第 3 章におい
て論じたように本書は，トランスクリプトはビデオデータそのものではないが，
音楽家たちがおこなった演奏等を記録したトランスクリプトを用いて分析をお
こなうことによって，音楽家たちの経験へと効果的に接近可能であるという立
場をとる（Weeks 2002: 381‒2）．

　分析のために作成したトランスクリプトとその読み方の概略を，本節の末尾
に掲載しておく（図6-2および，図6-3）．以下，トランスクリプトの読み方の詳細
と，現時点で観察できることについて述べておこう．

　最下段のタイムコードにおいて記したように，このトランスクリプトは，全
体で32秒からなるものである．そして，N，J，そして Y のふるまいを記した
行は，それぞれが，上段と下段の 2 つの部分から構成されている．

　それぞれの行の上段において長方形の記号によって記されているのは，演奏
された楽音についてのピッチと音価（音の長さ）の情報である．また縦軸には，
チェンバロを模した鍵盤を組み入れておいた．このことは，あるひとつの段に
おいてより上の方に書き込まれた楽音が，よりピッチが高い音であることを意
味している．さらに鍵盤のいくつかには，必要に応じて音名を書き入れること
で，異なる行同士の音高の関係が明確になるようにしておいた．また，分析を
容易にするために，便宜上，演奏された楽音のまとまりごとに，複数の楽音を
いくつかのグループに分けている（たとえば，N によって 5 回目に演奏された楽音の
グループは「N-⑤」などと記した）．

　次に，それぞれの行を個別に見ていこう．まずヴァイオリン奏者である N
は，楽器のペグの調整をおこないながら，ヴァイオリンの d 線（D 4 音）のみ
を演奏し続けている（N-①〜⑪）．また N による演奏に関しては，弓の上げ弓
と下げ弓の情報を付したほか，しばしば楽器のペグを調整するときに生じるこ
とがある「カチッ」という音がビデオデータにおいて聞き取ることができた場
合，そのタイミングを，「×」によって示した．N が d 音を単音で演奏してい
るのに対し，Dm 和音によって基準音を与えているチェンバロ奏者の J は，d
音，f 音，そして a 音の複数の音高からなる音（D 2 音，A 2 音，D 3 音，F 3 音，A
3 音，そして D 4 音の 6 音）を分散しながら弾くことによって，Dm 和音を，それ
ぞれ微妙に異なる，複数の形式によって繰り返している（J-①〜⑬[3]）．また J は，
トランスクリプトの末尾においてのみ Dm 和音を弾くのをやめ，g 音（G 3 音）
を，単独の音として演奏していることが確認できる（J-⑭）．最後に，チェロ奏

96

者であるＹは，トランスクリプトの冒頭の２秒間においてのみ，d音（D3音）とa音（A3音）の２音を演奏している（Y-①）．Ｙはここでd線のチューニングを終了しているため，３秒目以降では一切の演奏をおこなっていない．したがって，前述したように，本章における分析はヴァイオリン奏者のＮとチェンバロ奏者のＪの相互行為を主要な対象として進められる．

　それぞれの行の下段には，参加者の視線の先が記されている．Ｎは，このトランスクリプトを通じて，自分が調整しているペグ（ペ）に終始その視線を向け続けている．ＪとＹは，かれらの視線を，鍵盤（鍵），Ｎ（N），そして自分の楽器の弓（弓）などにも向けている．またＪに限っては，トランスクリプトの後半において，何度か小さく頷いており，その部分が「(nod)」と記されている．

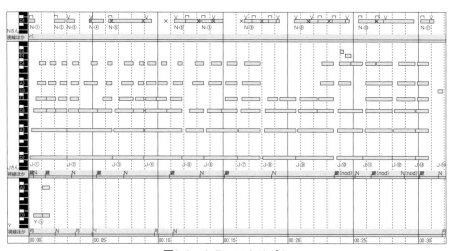

図6-2　トランスクリプト

上段（演奏の情報）

N-①，N-②…：単音および和音のグループ
　ロ：下げ弓　　　V：上げ弓　　　×：ペグの調整音

下段（視線ほか）

ペ：楽器のペグ　　　　鍵：鍵盤　　　　N：Nさん
弓：楽器の弓　　　　(nod)：頷き
図6-3　トランスクリプトの読み方

6.4 　分　析

6.4.1　チューニングの終了と「n＋n＋s」

以上を踏まえたうえで，本節では，トランスクリプトの分析をおこなっていく．まずは，トランスクリプトにおいてチューニングが終了しているように見える場面の分析をおこなうことで，音楽家たちがチューニングを終了するとき，いかなる方法が用いられているかを明確にしておきたい．[4] 以下，前掲のトランスクリプトの，最後の部分を抜粋しておこう．前述のように，これは，ヴァイオリン奏者であるNがd線のチューニングを終え，g線のチューニングに移行するという部分である（図6-4）．

Nが長いd音（N-⑩）を伸ばしている中，28秒目において，Jは，Dm和音を演奏し直す（J-⑫）．Jは間をあけることなく，続けて，Dm和音（J-⑬）を，同一の形式（和音構成音）を用いることによって演奏する．これに対してNは，JによるこのDm和音が演奏されているわずかな時間の中で，d音（N-⑪）の演奏を開始

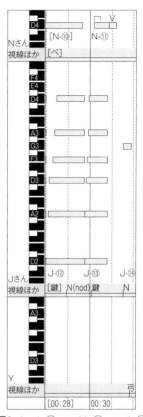

図6-4　J-⑬ → N-⑪ → J-⑭

する．Nによるこのd音は，弓を返すことによって，2度演奏される．だが，Jによって演奏されたDm和音（J-⑬）は，Nによって上げ弓で演奏される2つ目のd音が登場する前に，短く打ち切られる．こうして，上げ弓で演奏される2度目の短いd音がNひとりによって演奏されたあと，31秒目では，NとJがともに演奏をおこなっていないことによって，0.3秒程度の，短い沈黙が生じている．この短い沈黙が聞かれたあと，Jは，次の基準音であるところのg音を演奏する．

Jは，29秒目において，頷くことでペグの調整が終了したという理解を示すことに続けて，Dm和音（J-⑬）を短く弾いている．J-⑬の演奏が開始されている場所を見れば明らかであるように，このDm和音は，Jの方から開始され

たものである．Jによるこの演奏は，Jの方から，そして短く弾かれることによって，2つのことをしているように見える．一方においてこの演奏は，Jの方からNが調整をおこなうための基準音を与えているように見えることによって，Nが続けて演奏をおこなうことを要求している．他方この演奏は，それでいて，調整をすることができない程度に短く弾かれることによって，Nがd線を調整することそれ自体は不要なのだという理解を提示してもいる．これらの2つの特徴によって，Jによるこの演奏は，Nに対してペグの調整を継続することというよりはむしろ，Nがチューニングを自身の演奏によって終了することを要求しているように見える．実際，Nが続けてd音を「レーレ」などと聞こえる音形（N-⑪）によって演奏することに続け（かつそれが訂正されないことが聞かれると），Jは，g音を単音によって演奏している（J-⑭）．5.3において述べておいたように，g音は，d音の調整が終わった次に調整を開始すべき音である．したがってJがg音を演奏することは，それに先立つNによるd音の演奏が，チューニングの最後の音として弾かれたのだという理解を示すものだと言えるであろう．

　これらのことからわかるのは，JはJ-⑬を演奏することによって，Nに対してチューニングの終了を要求しているだけでなく，続けてNが演奏した「レーレ」と聞こえる表現（N-⑪）を，そのような要求の受諾として聞くことができている，ということである．ではNによるこの受諾は，いかにして受諾として，即ち，チューニングの終了をマークするような表現として聞いてよいものになっているだろうか．本項の以下の部分では，こうした行為を，楽音を用いることを通じて組み立てるためのプラクティスについての，見通しのよい記述を得る作業を試みよう．

　このような観点からN-⑪を観察してみると，この演奏は，以下のような特徴を備えていることがわかる．まず，この「レーレ」では，d音の演奏が，繰り返されている．それだけでなく，このd音は一度のみ繰り返されている．言い換えれば，このことは，後続するd音には，さらなるd音ではなく，無音が後続している，ということでもあるだろう．さらにこれらのd音には，ペグを調整している時に生じる場合がある「×」の音を見い出すことができないことなどからも窺えるように，先行するd音および後続するd音のいずれもが，ペグの調整などの作業を伴うことなく演奏されている．即ちこの「レーレ」は，調整を伴わないd音が，一度のみ繰り返されていることによって組

み立てられているのである．

　そして，N-⑪がチューニングの終了をマークする表現として利用可能であることは，目下の演奏が，今述べたような特徴を備えていることに関係している．仮に N が，繰り返される楽音をペグの調整などのために用いるとすれば，そのことは，N が，繰り返された後続の d 音において，実際に調整をおこなうことによって示されなくてはならないであろう．これに対して，調整を伴わない d 音を単に一度繰り返すことは，その繰り返しが調整のためにおこなわれたのではないことが明示されることによって，N が，先行する d 音についてピッチを訂正する必要がないという評価を下したことを明らかにする．この「レーレ」という音形は，以上のようにしてチューニングの終了をマークする表現として利用可能なものになっているのである．

　ここで，チューニングに用いることができる任意の楽音 note と無音 silence とをそれぞれ略記したうえで，このプラクティスを，「n ＋ n ＋ s」と，要約的に表現しておこう[5]．この表現が意味していることを改めて述べておくと，次のようになる．まずペグの調整などを伴わないかたちで，「n」が演奏される．続けて，別の「n」が，再び調整を伴わず，かつ無音に先行するという形式，すなわち「n ＋ s」という形式で演奏されることによって，先立つ「n」ではチューニングがおこなわれなかったのだということが明示される．こうして，先行する「n」がピッチ上の問題を含んだ音ではないという理解が示されることによって，チューニングの終了がマークされる．

　すでに述べたように，J は，N に対してチューニングの終了を要求しているだけでなく，続けて N が演奏した「レーレ」と聞こえる表現（N-⑪）を，そのような要求の受諾として聞くことができているのであった．ここまでの作業を通じて明らかになったのは，その「レーレ」が然るべきプラクティスを通じて組み立てられていることによって，そのように聞いてよいものになっている，ということである．

6.4.2 「n ＋ n ＋ s」の拒否

　さて，6.4.1 で見てきた「レーレ」が単に偶然生じた表現なのでなく，あくまでも体系的なプラクティスを通じて組み立てられているのであれば，それは，今見たトランスクリプトの抜粋以外の他の場所においても，繰り返し生じるような表現でなくてはならないはずである．また，「n ＋ n ＋ s」のプラクティ

100

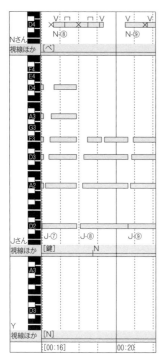

図6-5　N-⑧ → J-⑧ → N-⑨

スを用いることを通じて編成された「レー
レ」がチューニングの終了をマークする表現
として理解されていることが相互行為におい
てその都度示されている，ということが例証
可能であれば，前の項で特定された「n＋n
＋s」というプラクティスが現実に存在し，
音楽家たちによって取り組まれているという
本章の主張の確からしさは，より強められる.[6)

　目下のトランスクリプトにおいて，この観
点から注目すべき場所が，２つあるように思
われる．第１の場所は，N-⑧から開始され
るやりとりである．次に，該当箇所を抜粋し
ておいた（図6-5）．この抜粋においては，N
からの「n＋n＋s」が，Jによって拒否さ
れているように見える部分がある.

　N-⑧における演奏の最後の部分において
は，「n＋n＋s」が，「レーレ」という表現
として用いられている．しかしながらJは，
N-⑧の演奏の途中（18秒目）から開始したJ-
⑧において，最上音であるf音（F3音）を，N-⑧における「n＋n＋s」が演
奏された直後の場所で演奏し直している．ここでJがしているのは，「n＋n
＋s」の完成，すなわちチューニングの終了をマークする表現の完成がNに
よって提示されたまさにその時，そのNに対しチューニングの継続を要求す
ることによって，かれの主張を退けるということなのである.

　そしてNは，続くN-⑨の演奏において，実際にペグの調整をやり直してい
る．ここからわかるのは，この断片では，N-⑧の末尾において提示された「n
＋n＋s」が，単にJによって拒否されたというだけでなく，それが拒否され
たことが，Nによっても理解されている，ということである．このようにし
て，この抜粋におけるやりとりは，「n＋n＋s」がチューニングの終了を
マークする表現でありうるという理解をあてにすることを通じて取り組まれて
いるもののひとつであると言えるであろう.

6.4.3 「n ＋ n ＋ s」の取り消し

　注目に値すると思われる第 2 の場所は，N-⑨の末尾におけるやりとりである．以下の抜粋には，N によって提示された「n ＋ n ＋ s」が，今度は，N 自身によって取り消されているように見える部分が含まれている（図6-6）．

　23秒目において，N-⑨の 2 つめのペグの調整音（×）を聞きとったあと，J は，頷くことをしている．J はこの頷きによって，N によっておこなわれているペグの調整がその時点においてすでに終了しているのだ，という理解を示している．であるなら，一見すると J は，J-⑨の演奏を最後に，それ以降の基準音を与えることを中断してもよいように思えるであろう．しかしながら実際には，J は，基準音を与えるのを中断することなく，J-⑩の演奏を続けている．ここで J

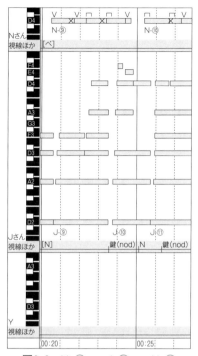

図6-6　N-⑨ → J-⑩ → N-⑩

は，すでにペグの調整が終了しているという理解を示すことに続けて基準音を与えることによって，N による目下の調整に続けて，N による「n ＋ n ＋ s」が登場すること，そしてそのプラクティスを通じて N 自身がチューニングの終了をマークする表現を提示することを待っている．いわば J は，J-⑩を演奏し直すことによって，N が「n ＋ n ＋ s」を演奏する際にその基準音として用いるための音を，N に対して与えているのである．

　しかし，ここで生じているのは，単に「n ＋ n ＋ s」の登場が期待されているということだけではないように思われる．J によって，N が演奏することが期待されている「n ＋ n ＋ s」は，J が J-⑩の和音を演奏し終える前に，N-⑨の末尾（24秒目）において，「レーレ」という表現によって，実際に完成することになる．だが「n ＋ n ＋ s」を演奏した N は，J が J-⑩の演奏を終了し終えることを待つことなく N-⑩において次の演奏を開始することによって，調整を再開する．ここで N は，調整を再開することで，それに先立つ調整が不十

分な結果に終わっているという理解を提示しなおしているように見える．いわばここで生じているのは，先ほどはJによって期待され，そして実際に登場した「n＋n＋s」が，今度は，Nが再調整を開始することによって，直ちに取り消されているという事態なのである．

　こうしてみると，Nは，自らが用いた「n＋n＋s」，すなわちチューニングの終了をマークするための表現を，単にそのように用いているというだけでなく，それがJによってもそのように聞こえてしまうことを理解しているということがわかる．だからこそNは，チューニングの終了をマークするための表現を，J-⑩が終了するその前に取り消す必要があるのである．

6.5　議　論

　ここまでの分析において明らかになったことをまとめつつ，その含意について論じておこう．本章では，まずチューニングが終了する場面を見ることで，そこで「n＋n＋s」と要約可能なプラクティスが用いられているということを論じた．続いて，トランスクリプトにおいて「n＋n＋s」が繰り返し登場していることや，それらが拒否，または取り消されている場面を分析することで，そのプラクティスが，NとJによって，現実に取り組まれていることの確からしさを例証した．

　本章が特定した「n＋n＋s」のプラクティスは，その形式的なシンプルさゆえに，多様な状況において用いることができるような，すなわち，チューニングという活動に，遍在性や可変性を与えるようなプラクティスになっている可能性がある．Nは，ヴァイオリン奏者である．だが，このビデオデータに登場しないさまざまな楽器の演奏者たちもまた，チューニングを，「n＋n＋s」を通じて表現された演奏を用いておこなうことが可能であるはずだ．またトランスクリプトにおいてNは，ひとりでチューニングをおこなっている．だが「n＋n＋s」の利用は，チューニングに参加する音楽家たちの人数を，必ずしも制約するものではないように思われる．さらに，JがNに基準音を与えるために使っているチェンバロは，そのa音（A5音）が415Hzとなるように調律されている．それでいて，「n＋n＋s」の利用は，440Hzや442Hzといった，さまざまな基準音に基づくチューニングをも可能にもするであろう．以上の意味において，「n＋n＋s」の特定は，単に本章が対象としたチュー

ニング場面だけでなく，その他のさまざまなチューニング場面の理解可能性を
与えうる，ある程度の一般性を備えたプラクティスである可能性がある．

　このことはまた，本章が提示した知見と，ピッチを合わせることについての
既存の相互行為分析が提示している知見の差異を特徴づけるものでもあるだろ
う．6.2において確認したように，パートン（Parton 2014）がその議論の一部に
おいて明らかにしたのは，オーケストラの指揮者と楽器奏者たちが，両者の認
識の勾配を解消していく相互行為上の形式的特徴に，ピッチを合わせることが
いかにして埋め込まれているか，ということであった．一方，本章が明らかに
したのは，ピッチを合わせることを達成するために，音楽家たちが楽音を組織
することがいかなるプラクティスを通じておこなわれているか，ということで
ある．こうしたとき，本章の分析が，パートンの分析に比して，単にピッチを
合わせることを志向している場面を分析対象として扱っているというだけでな
く，ピッチを合わせることの固有性それ自体の探求が進められていることを見
るのは容易であろう．

　とはいえ，本章における知見が，分析対象とした場面とは異なるような，そ
の他のチューニング場面といかなるかたちで関係しているかは，本章の分析の
みでは必ずしも十分には明らかではない．本章が主張しているプラクティスが
存在し，音楽家たちによって現実に取り組まれているということの確からしさ
や，それが音楽家たちの日常的実践においていかなる地位を占めているかとい
うことは，今後，さらなる調査と分析を通じて，経験的に明らかにすべきこと
であるように思われる．

6.6　小　括

　本章の目的は，音楽家たちの日常的な活動としてのチューニングがいかにし
ておこなわれているかを相互行為分析の観点から明らかにする作業を通じて，
ピッチを合わせることを成し遂げるために音楽家たちが用いている方法の一端
を記述することであった．そしてビデオデータに収録された相互行為の分析に
よって，チューニング場面において「n ＋ n ＋ s」と要約可能なプラクティス
が用いられているということと，それが音楽家たちによって現実に取り組まれ
ていることの確からしさが例証された．加えてそのプラクティスは，チューニ
ングという活動に遍在性と可変性を与えるような，ある程度の一般性を備えて

いるプラクティスである可能性が示唆されるものでもあった.

　以上の作業によって，ピッチを合わせることの，相互行為的な側面が明らか
になったように思われる．6.1で確認したように，モリソンらは，その都度の
場面における適切なピッチというものが，音楽家たちが自らの主観的な感覚に
依拠することによって歩み寄られているものであると述べているのであった
(Morrison & Fyk 2002＝2011). 本章ではこれを受け，音楽家たちが，ピッチを合
わせることを，その状態についての相互の理解を提示し合うことを通じて成し
遂げていることを例証する作業に取り組んだ．本章の分析が，副次的にではあ
るものの明らかにしているのは，その都度の適切なピッチなるものが主観的な
ものでありえても，決して，私秘的なものではないということである．確かに
一方において，ピッチを合わせることを実現するために，「ピッチが，いま
合った」などという，主観的な感覚が必要な場合はあるに違いない．だが他方
において，その感覚がどんなに強くても，それだけでピッチを合わせることが
成し遂げられるわけではない．それが達成されるには，あくまでも他の音楽家
たちが見てそれとわかるような，いわば公的な手続きが必要なのである．この
意味において，ピッチを合わせることの現象とその探求は，あくまでも，社会
的相互行為の領域に開かれている.

　とはいえ，先にも述べたように，本章はあくまでも，ピッチを合わせること
という現象を可能にするための，ひとつの，小さなプラクティスを特定したに
過ぎない．それゆえ，本章が提示した知見の妥当性の検証やその他のプラク
ティスの特定には，今後においても，詳細な比較検討が必要であると思われる.
またチューニングという活動だけが，ピッチを合わせることを成し遂げるため
に用いることができる，唯一の活動なのではないことも明らかであろう.
チューニングが，ピッチを合わせることをめぐるその他のさまざまな活動と
いかなる関係にあるかは再び，今後，さらなる調査と分析を通じて，経験的に明
らかにすべきことである.

　注
　1）たとえばモリソンらは，ピッチ弁別の能力が，聞き取られる演奏の強さ，音色，そし
　　てテンポなどの影響を受けることを明らかにする実験や，ピッチを合わせることの正確
　　さが，楽器の経験年数の影響を受けることを明らかにする実験の例などを挙げている
　　(Morrison & Fyk 2002＝2011: 286, 291‐3).
　2）たとえば，そこでチューニングがおこなわれていることは，誰が見てもわかるような

ことであるに違いない.

3）必ずしもビデオデータから確認できる事ではないが，J は両手で，かつおそらく左手と右手で3音ずつ鍵盤を押さえることで Dm 和音を演奏している．トランスクリプトから推察できるのは，和音の下部にあたる2音が保続されているのに対して，上部にあたる3‐4音は何度も打ち直されているということだ．すなわち，左手の小指と中指で下部の2音を保続しつつ，左手の親指と右手の3指で上部の3‐4音を打ち直すことで，チェンバロの音が減衰するのを避けているのである．

4）本章が，なぜチューニングが「終了」しているように見える部分からその分析を開始するかについての補足的な説明をおこなっておこう．チューニングが終了しているように見える場所は，それが中断などといった不自然なかたちで終了しているのではない限りにおいて，ピッチを合わせることが，最も明確なかたちで成し遂げられているような場面でもあるに違いない．この意味で，チューニングを終了しているように見える場所は，ピッチを合わせることを成し遂げる方法を明らかにするために見るべき，ひとつ自然な場所であると考えられる．

5）無論，本章は，なにも音楽家たちが「n＋n＋s」などというプラクティスを，そのような語彙として知っているのだということを主張したいのではない．そうではなく，本章では，音楽家たちが取り組んでいるプラクティスの簡明な表現になっているのであれば，そのプラクティスを要約的な語彙によって表現することは許容されるという立場をとる．この論点については，西阪仰による「先行連鎖」という表現についての議論（西阪 2008: 13）や本書8.2などを参照のこと．

6）会話分析の研究者であるエマニュエル・シェグロフは，「仄めかしだったと認めること」と題された論文において，表題の行為が存在しそれが人びとによって現実に取り組まれていることを例証する際に，複数の会話データを収録した自前の「データベース」から，その行為を構成するために用いられているプラクティスの登場の回避や不出現が志向されている場面を探し出し，それらの比較検討をおこなうことによって目下の行為が存在していることの確からしさを強めるという手続きを踏んでいる（Schegloff 1996＝2018）．本章が6.4において取り組んでいる作業は，シェグロフによるこの手続きを念頭においたものである．

7）なお J-⑩の一番上にある d 音は，その後半部分において，弾き直されている．一見するとこれは，J-⑧における最上音である f 音が弾き直されていたのと同様のふるまいとして理解すべきものであるようにも見えるかもしれない．しかしながら，J-⑩の全体を見ることによってわかるのは，2回目の d 音は，同じ J-⑩において先行する最上音の f 音と e 音からの f 音‐e 音‐d 音という流れの一部として演奏されているということである．すなわち J-⑩において d 音は，J-⑩を f 音‐e 音‐d 音という旋律的な要素を含んだ Dm 和音として弾くというふるまいの一部として演奏されている．この意味において J-⑩における連打された d 音は，J-⑧における連打された f 音とは異なるものとして理解されるべきである．

第 7 章

練習場面におけるエスノメソドロジー（4）
──ひとりでおこなう練習の理解可能性──

7.1　本章の目的

　本章の目的は，ひとりでおこなう演奏の中に存在しているプラクティスを明らかにするという作業を通じて，ひとりでおこなう「練習 practice」という一見して私秘的にも思える活動が，公的な方法を通じて編成されていることを明確にすることである．

　専門家にせよ素人にせよ，演奏活動に携わる人びとにとって，ひとりでおこなう準備や練習が関心事のひとつであることは明らかである[1)]．当然，人びとが皆，事実としてこうした個人的な練習に多くの時間を割くわけではない．であるにしても，個人的な練習が重要であることそれ自体は誰もが知っている．たとえば私たちは，ある演奏における失敗の原因をまずは練習不足などに求めてしまうことがある．ある音楽上の能力をそれに先立つ練習との関係において理解することは，私たちが持っている知識の一部を構成しているように思われる．

　こうした「練習」と「能力」のアプリオリな結びつきは，演奏活動に携わる人びとだけでなく，演奏活動を研究する専門的な研究者たちが自らの探求を進める際の前提にもなっている．たとえば社会学者のハワード・ベッカーは，人びとがアート・ワールドに参加する能力を獲得する過程として，「学校」，「独学」，そして「仕事をしながら［の］習得」の3つを挙げている（Becker [1982] 2008＝2016: 85-8）．ベッカーによれば，このうち独学による練習は，独特な重要性を備えている．なぜなら，誰もがなんらかの意味において個人的な練習をするからだ．すなわち，「どんな指導を受けるにせよ，かれら［＝アート・ワールドの成員］は自分の心理的なリハーサルと練習を通じて，そうしたレッスンを内在化させねばならない」（Becker [1982] 2008＝2016: 86）というわけである．またイギリスのミルトン・ケインズにおける市井の音楽づくりを包

括的に調査したルース・フィネガンも，音楽家たちの「学習」に着目する
(Finnegan ［1989］ 2007＝2011: 201-16)．フィネガンによれば，現地の音楽実践に
おいては，専門家による正統的なクラシック音楽のフォーマルな教示方法と，
ポピュラーな音楽的伝統における独学や現場修業のインフォーマルなプロセス
という，異なる学習システムが存在している．フィネガン自身が述べるところ
によれば，かの女の民族誌は，ベッカーのアート・ワールド論を（部分的に）
引き継ぐ形で開始されている（Finnegan [1989] 2007＝2011: 46- 8）．こうした背景
に鑑みれば，**表7-1**において示すように，フィネガンによるフォーマル／イン
フォーマルの区別は，概ね，ベッカーによる前述の分類を引き継いだものと考
えてよいであろう．

表7-1　フォーマル／インフォーマル

ベッカー	学校	独学	仕事をしながらの習得
フィネガン	フォーマル	インフォーマル	

　ところがフィネガンの見立てによれば，この，「インフォーマル」と呼ばれ
ているような領域は，経験的探求における，問題含みな領域である．まずかの
女は，次の点に注意を促すことによって，学習におけるインフォーマルな領域
の重要性を主張している．すなわち，正式なレッスンを受けないオルガン奏者
たちや独学をするブラスバンド奏者たちがいることからもわかるように，学習
のフォーマルな側面とインフォーマルな側面とは，クラシック音楽とポピュ
ラー音楽において分離しているのでなく，混在している（Finnegan [1989] 2007
＝2011: 212- 5）．しかしながら，それでいて学習のフォーマルな側面とイン
フォーマルな側面は，決して，同じ程度の資格において探求の俎上に上がって
きたわけではなかった．次の引用においてフィネガンが述べているように，問
題は，その混在にもかかわらず，これらの側面同士が，非対称的な関係を備え
ているという点にある．

　　これらのよりインフォーマルな側面は，正統的で専門家的な教育重視の
　　せいで，そしてまたクラシック音楽の理念的モデルに表現される学習イデ
　　オロギーのせいで軽視されているが，そうしたモデルだけでは ［……］，地
　　元の実践の十全な報告を必ずしも提供してくれない．(Finnegan [1989] 2007
　　＝2011: 215)

　すなわち，ベッカーたちが観察するようにあらゆる音楽家たちが個人的な練習をする一方で，フィネガンが指摘するように個人的な練習を含むような学習のインフォーマルな側面は主題化されにくいのである．

　とはいえ，こうした研究上の難点を解消するに際して，個人的に取り組まれるがゆえに一見して私秘的であるようにも思えるような活動を研究者たちがいかにして主題化すれば良いかは，それほど明確ではないだろう[2]．そこで本章は，こうした事情を踏まえ，個人的な練習それ自体の編成を，エスノメソドロジー研究（Garfinkel 1967），すなわち，それを編成する人びとの方法に即して跡づけてゆくための方針において明確にすることを試みていきたい．こうした作業を通じて，研究者たちが音楽実践の「十全な報告」——とフィネガンが呼んだ方針——を構想するための，ひとつの可能性が明確となるように思われる．

　本章の構成は以下の通りである．7.2では，音楽における練習場面のエスノメソドロジー研究を検討し，本章の課題を明確にする．7.3では分析をするための予備的な情報を提示し，研究手法を明示する．7.4では，練習において生じた演奏上の誤りとして理解可能な場面を含むデータを分析し，その理解可能性が，複数のプラクティスを通じて編成されていることを例証する．分析を踏まえ，7.5では，演奏の理解可能性が公的に与えられているということと練習という活動が備えている特徴との関係を議論する．以上の作業を通じて，7.6では，個人的な練習の理解可能性を明確にするための構想が具体化される．

7.2　先行研究

　本節では，音楽における練習場面のエスノメソドロジー研究を検討し，本章の課題を明確にする．練習場面のエスノメソドロジー研究は，その対象の特徴に即して，少なくとも2つのスタイルへの分離がみられるように思える．本節ではまず，このことを確認しておこう．

　第1のスタイルは，ひとりでおこなう練習についての省察にもとづく報告である．その唯一といってよい分析は，『鍵盤をかける手』と題されたデヴィッド・サドナウによる民族誌が提供してくれる（Sudnow 1978＝1993, 2001）．ジャズ・ピアノにおける即興経験を報告したこの書物においてサドナウは，自らの手の動きが，即興の只中において，楽器，身体，そして音楽的な知識を調整するという課題への対処として編成されていることを報告している．自身がそう

述べてもいるように，サドナウの分析は，「現象学的な」（Sudnow 1978＝1993: xi, 2001: 3）方針を採用したものである．

　第 2 のスタイルは，複数人でおこなう練習，すなわちリハーサルを対象とした対面的な相互行為の分析である．これらには，ピーター・ウィークスやキャサリン・パートンによるオーケストラ演奏におけるリハーサルの分析（Weeks 1982, 1990, 1996a; Parton 2014）や，サラ・メルリーノによる，合唱におけるリハーサルの分析が含まれている（Merlino 2014）．その特徴は，リハーサル場面における集合的な，主として発話を使用したやり取りに着目しているという点である．こうしてみると，サドナウに後続する練習場面のエスノメソドロジー研究は，サドナウの方針を踏襲することはなかったということがいえるだろう．

　こうして個人的な演奏を「現象学的な」分析が担い，そして集合的な演奏を相互行為分析が担うという「分業」体制は，一見して，ごく自然なものでもあるだろう．そしてこのような見方に従えば，ある練習がひとりでおこなわれており発話などを用いることもないという事情は，あたかも，サドナウの方針を必然的に要請しているかのようであるに違いない．

　しかしながら，少し視野を広げてみると，次に示す 2 つの理由により，そう考える必要はないことがわかるであろう．第 1 に，ある活動がひとりでおこなわれているからといって，それが公的な理解可能性を備えていないということにはならない．私たちはこのことを，「書く」という活動についての，西阪仰による観察を通じて，想い起こすことができる．ある対談において西阪が次のように主張しているように，個人的な活動もまた，「ある意味で他人に」向けられている場合がある．

　　　ただし，「相互行為」を，ゴッフマンのように「互いの身体が見える状態にある」というところに限定する必要はないと思います．［……］実際，自分の部屋で一人でやる活動にも「それなりの合理性」がなければならないのは，それがやはり，ある意味で他人に向けてデザインされているからではないでしょうか．どういう人に向けて何を書くかということなんかどうでもいい，というのであれば，何を何でどう書こうがどうでもよくなってしまう．書くということそのものが意味を失ってしまうと思います．（上野・西阪 2000: 190）

　第 2 に，ある活動において発話を使用しないということもまた，それが公的

110

な理解可能性を備えていないということを意味しない．集合的な演奏の活動を対象としたいくつかのエスノメソドロジー研究が，このことを私たちに想い起こさせてくれる．たとえばウィークスは，アンサンブルの演奏における，失敗と復帰を分析している（Weeks 1996b）．ピーター・トルミーらは，アイルランド音楽のセッションにおける演奏を分析している（Tolmie, Benford & Rouncefield 2013）．前章におけるチューニング場面の分析もまた，そのような研究のひとつであるといえるであろう．こうした集合的な演奏活動の研究には，目下の活動が，理解可能な行為を接続してゆくことを通じて編成されているという見立てが含まれている．

　以上のことから明らかとなるのは，個人的な活動の合理性を明確にするような研究の見かけ上の困難が，決して原理的な困難ではないということだ．そこで本章は，ひとりでおこなう演奏の理解可能性を導きの糸として，個人的な練習の理解可能性を跡づけてゆきたいと思う．このことによって，私たちは，ひとりでおこなう練習という活動の特徴を特定し直すことができるように思われる．

7.3　データとトランスクリプト

7.3.1　データ

　以上の課題に応えるために，本章は，現実におこなわれた個人的な練習場面の分析を試みていく．対象は，本章の筆者自身による，ピアノを用いたジャズの即興演奏の練習場面である．なお筆者は2007年頃から音楽理論の独習というかたちでジャズに携わって以来，今日にいたるまで，演奏の分析や鍵盤楽器を用いた即興の練習に断続的に取り組んできた．本章における対象は，こうした，あくまでも著者による日常的な活動の一部であることを述べておく．

　分析対象となっている練習では，「iReal Pro」というアプリケーションが用いられている．このアプリケーションには，ドラムやベースなどによるマイナス・ワン（伴奏）を，予め定められたコード（和音）進行に従って自動的に生成する機能が備わっている．こうして生成されたマイナス・ワンにしたがって，練習者は予め定められたコード進行（図7-1）に則った即興演奏をおこなわなくてはならない．

　本番における多くのパフォーマンスがそうであるように，この練習においても，演奏は即興でおこなわれている．したがって，楽譜はあらかじめ存在はし

ていない．とはいえこの練習においては，自動生成されたマイナス・ワンの進行とともに，演奏すべきコード進行が，アプリケーションうえでハイライトされてゆく（図7-1における『A♭⁻⁷』の部分を見よ）．練習者はこうしたインストラクションを手掛かりとしながら旋律や和音を即興するが，自分がコード進行全体におけるどの部分を演奏すべきであるかということは，常に明確となっている．

7.3.2　トランスクリプト

本章は，上記の対象を，以下の3つの方法を通じて分析する．

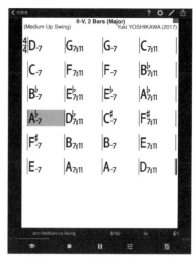

図7-1　コード進行（iReal Pro）

第1に本章は，日常的な練習を分析するために，その一部を，ビデオカメラを用いて撮影する．これは，人びとが活動を組み立てているときに用いている方法を跡づけてゆくためである（南出・秋谷 2013: 37-40）．収録されたビデオデータは計80分程度であり，いずれも，2017年の6−9月にかけて撮影されたものである．本章では，その一部を分析する．図7-2には，本章がおこなったビデオ撮影におけるセッティングが，概略的に示されている．

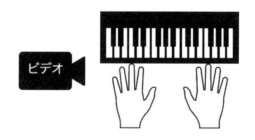

図7-2　セッティング

第2に本章は，分析を支援するために，演奏を採譜したトランスクリプトを作成する．第3章でも論じたように本書は，トランスクリプトはビデオデータそのものではないが，これを用いることで，音楽家たちの経験へと効果的に接

112

近可能であると考える（Weeks 2002: 381-2）.

　本章におけるトランスクリプトの表記法について，ここで説明しておこう.
まず本章のトランスクリプトは，一方において，いたって標準的なピアノ譜の
記譜法をベースとしている．上段には右手で弾かれた旋律が，そして下段には
左手で弾かれた和音が記譜されている．音符の上には，運指がアラビア数字で
記されており，たとえば「1」はその音符が親指で，そして「2」はその音符
が人差し指で演奏されていることを示している．楽譜の一番上には演奏者が演
奏している時点で従っているコード進行が，記されている．また各小節の頭に
は，小節番号を付している.

　他方において，本章のトランスクリプトは，以下の2点において，特殊な工
夫を凝らしてもいる．まず丸括弧によって囲まれている音符は，記譜よりも僅
かに短い音が奏されていることを示している．そして音符の下には，本章が具
体的な音符に言及する際の便宜のために，ドイツ音名を付してある．以上の内
容を要約すると，図7-3のようになる.

図7-3　トランスクリプトの読み方

　第3に本章では，練習者によって示された理解を手掛かりとしながら，分析
を進める．本章が収集したビデオデータにおいては，練習者自身によって誤り
と理解されているように見えるいくつかの部分を見出すことができた．私たち
は，こうしたデータの断片を分析することによって，練習者自身によって提示

されている理解を手掛かりとしつつ，分析を開始することができるであろう[3]．

7.4　分　析

7.4.1　置き換え

　断片7-1は，2017年の 9 月に収録された，ある練習からの抜粋である．前述のように，この断片には，右手の旋律において，演奏者によって誤りと理解されているように見える場所がある．それは14小節目における ges 音である．

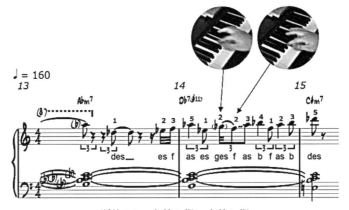

断片7-1　人差し指→人差し指

　この ges 音は，それが括弧で括られていることからもわかるように，短く奏されている．そしてこの ges 音は，三十二分音符分にも満たないごく僅かな時間しか備えていない．いわばこの音は，それが奏されるや否や直ちに取りやめられている．この ges 音はさらに，単に短く奏されているだけでなく，後続する f 音と組み合わされることによって四分音符の長さを構成している．ges 音に後続する f 音は，三連符によって奏された八分音符に二重付点を付した分だけ伸ばされている．ges 音と f 音が備える音価（音の長さ）はともに，それぞれが単独で連続して用いられたりするのでなければ，その使用に特別な理由が必要であるような音価を備えている音であるように見えるであろう．すなわちこの ges 音の短さは，後続する f 音の長さとの関連において，はじめて理解できる音価を備えているのである．

　先行する ges 音が備える短さの理由を後続する f 音の長さによって説明する

114

ことで，演奏者は，次の２つのことを明らかにすることができる．まず第１に，先行する中断された ges 音が問題含みであるというだけでなく，後続する f 音が問題を含まない音だということ，そして第２に，ges 音が f 音に置き換えられたことによって，演奏上の問題がすでに解決しているということである．こうして私たちは，**断片7-1**において，誤った音と正しい音が区別され，前者が後者によって「置き換え」られることで，演奏者が演奏を継続することを志向していることを見ることができる．

　断片7-1には，もう一点注目すべき点がある．それはこの ges 音が，後続する f 音と同じ人差し指を用いることによって奏されているということである．このことは，後続する f 音が，他ならぬ先行する ges 音の置き換えとして奏されているという私たちの見えを，際立たせるものともなっていよう．

7.4.2 「順序づけ」

　断片7-1において先行する ges 音が後続する f 音によって「置き換え」られているのであれば，そのことは，目下の ges 音が，演奏者によって誤りとして理解されていることを示しているであろう．では**断片7-1**における ges 音は，いかにして誤りと理解可能なものとして，すなわち「可能な誤り」となっているであろうか．

　このことは，この断片において用いられている音とその順番を見ることによって明確となる．再び，**断片7-1**を見てみよう．13-14小節目では，des 音，es 音，f 音，ges 音，as 音，そして b 音の，６音が用いられている．そしてges 音を除去したとき，残りの５音は，以下のように，規則的な順番で用いられている．

```
                    f音 → as音 → b音 → des音
           es音 → f音 → as音 → b音 →
   des音 → es音 → f音 → as音 →
```
図7-4　順序づけ

　サドナウはジャズの即興においてスケール（音階）を用いる方法のひとつについて次のように述べ，それを「順序づけ ordering」と呼んでいる．

　　［……］次の何年間かは，こういったスケールをいろいろのところで使って，たくさんの操作方法を実験してみた．タイプライターの上の段の数字

列を考えてみよう．1234567890とまっすぐに昇って行くこともできれば，
123 234 345 456 567 678 789と行くか，あるいはまた132 243 354 465 576
687 798とすることもできるし，他にも進み方は無数にある．(Sudnow 1978
＝1993: 28- 9 , 2001: 26)

　このサドナウの用語法をふまえれば，私たちはこの断片において，des 音，
es 音，f 音，as 音，そして b 音の 5 音からなるスケールが「順序づけ」られ
ながら上行していることを見ることができる．そして置き換えられている ges
音は，この順序づけを阻害するものであることもまた，この「順序づけ」の組
み立てにおいて，明白であるに違いない．こうして，es 音と f 音の間に奏さ
れた ges 音が誤りであることの理解可能性は，この「順序づけ」によって条件
づけられている．
　さて，サドナウが「順序づけ」とよんだこのプラクティスが現実に存在して
おり，ここで取り組まれているということの確からしさは，**断片7-2**の分析を
通じて，より高められるように思われる．**断片7-2**は，2017年 6 月に収録され
たある練習からの抜粋である．

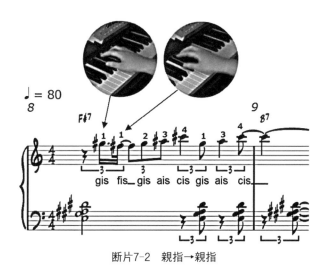

断片7-2　親指→親指

　断片7-2は，いくつかの点において，**断片7-1**と同じ特徴を備えている．まず
断片7-2の 8 小節目 1 拍目においては，同じ指を使用することで，gis 音が，

fis 音に訂正されている．それだけでなく，fis 音，gis 音，ais 音 cis 音が，「順序づけ」られながら上行しており，gis 音の問題性は，それによって与えられているようにみえる．

　ただ，**断片7-1**と**断片7-2**は，次の点において異なっている．注目すべき点は，**断片7-2**において最初に訂正された gis 音が，後続する fis 音の直後において直ちに登場し，「順序づけ」の一部を構成しているということである．つまり訂正された gis 音は，同じ F#^{7} 和音において再び登場し，今度は旋律を構成するのである．このことは，**断片7-2**においては，あるコードに対して演奏可能な音や音階それ自体に備わる正しさでなく，ある音や音階を「順序づけ」ることに内在する正しさだけが志向されていることを意味している．このようにして，私たちは**断片7-2**の観察を通じて，単に「順序づけ」が見えているというだけでなく，それが実際に取り組まれていることを明確にすることができる．

　さて**断片7-1**に戻って考えてみると，この断片において訂正されている ges 音は**断片7-2**において訂正されている gis 音とは異なり，同じ D♭7$^{\#11}$ 和音において再び登場することがない．こう考えると，一見して D♭7$^{\#11}$ 和音において ges 音を奏することには，あたかも ges 音を奏することそれ自体に問題が備わっているかのようである．しかしながら，**断片7-2**との比較を通じてわかるのは「順序づけ」の構造それ自体が，ひとつの独立した秩序を備えているということである．このことによって生じるのは，D♭7$^{\#11}$ 和音において ges 音を奏することそれ自体に問題が含まれているか否かにかかわらず，「順序づけ」が取り組まれているというだけで，私たちは，ges 音が間違いである可能性を理解できてしまうということだ．**断片7-1**における ges 音が誤りと理解可能なものとして，すなわち「可能な誤り」となっていることは，以上のようにもたらされている．

7.4.3　同じ指を使うこと

　ここまでの分析を通じて，**断片7-1**の14小節目における ges 音が「可能な誤り」となっていること，そしてその「可能な誤り」が，「置き換え」られていることが明確となった．ところでこの「置き換え」は——**断片7-2**におけるそれと同じく——，同じ指を使用することによって取り組まれていたのであった．ところがこうした「置き換え」が同じ指でおこなわれなくてはならない理由は，一見したところ，特には無いように思われる．本節では最後に，このことの理

解可能性を跡づけておこう．

　「置き換え」が同じ指を使用することによって取り組まれていることは，断片全体において取り組まれている課題との関係において理解可能であるように思われる．断片7-1を例として，このことを示してみたい．次のことが言えるだろう．すなわち f 音を人差し指で弾くことは，続く「as 音 – b 音」の連鎖を「中指 – 薬指」の順番において奏することを可能にする．対して，f 音を親指といった別の指で置き換えることは，続く「as 音 – b 音」の連鎖を，「人差し指 – 中指」の順で奏することをもたらすであろう．しかしながら，この「f 音 – as 音 – b 音」を「親指 – 人差し指 – 中指」で奏する運指は，続く 3 拍目の 2 音目において登場する f 音から開始すべき運指でもある．すなわち14小節目の 2 拍目は，「f 音 – as 音 – b 音」を「人差し指 – 中指 – 薬指」で奏することを試みるための，最初にして最後の機会なのである．

　さて，演奏者が「順序づけ」をあらかじめ決められた指で弾くことができることを自らに提示できずして，「順序づけ」ができたと思えることは，困難であるように思える．すなわち，演奏において指をしかるべき順番で使用することは，練習という目下の活動が含むプロジェクトに埋め込まれているのであり，その重要な構成要素ともなっているのである．このようにして，置き換えが同じ指においてなされているということには，練習という場面における合理的特性が備わっている．

7.5 議　論

　本章は断片7-1と断片7-2の分析を通じて，目下の断片において，少なくとも 3 つ以上のプラクティスが取り組まれていることを明確にした．すなわち，いずれの断片においても「順序づけ」（7.4.2）が取り組まれており，それがもたらす「可能な誤り」が，「置き換え」（7.4.1）られているのであった．そしてその「置き換え」を同じ指を使用しておこなうこと（7.4.3）には，自らの即興能力を自分自身に対して証明するという場面における合理的特性が備わっているのであった．こうした分析を踏まえ，以下では，その合意について論じる．

　以上の分析が示すことのひとつは，ひとりでおこなう演奏が備える理解可能性が，決して私秘的なものではないということである．確かにこれらの断片には，一見したところ，発話といった言語的な素材は含まれてはいない．だから

といって，この断片で起きていることが他人に理解することができないということが，直ちに生じるわけではないだろう．演奏者が使用しているのが音やふるまいなどであるにしても，その者がそうした表現を然るべき方法を通じて結びつけることによって，「スケールを弾くこと」や「置き換え」といった言語的な経験を構成していること自体は，理解可能である．そしてこの断片の詳細が，サドナウがそうしたように，「現象学的な」報告によって明確にされなければならないわけではないことは，明らかであるように思われる（cf. Sudnow 1978＝1993, 2001）．演奏における一見して「私秘的」とも思えるような経験の理解可能性は，あくまでも，公的に——少なくとも潜在的には他人にもわかるような仕方において——編成されているのである．

　さらには，個人的な演奏が備える理解可能性があくまでも公的なものであるという特徴は，練習という活動が備える合理性の根幹をなしているように思われる．個人的な演奏が他人にも理解できる方法でおこなわれているのでなければ，演奏者は，そうした演奏が練習においてなにを意味するかを，自分自身で理解することもできないであろう．練習における訓練上のトピックとはあくまでも，それが現実に実演可能であることを通じて初めて達成可能であるような，いわば「方法の知識」（Ryle 1949＝1987）にかかわる事柄なのである．この意味で練習は，まずは自分自身が理解できるようにデザインされているのでなければ，意味をなさない（cf. 上野・西阪 2000）．こうして，個人的な演奏が備える理解可能性が公的にもたらされていることは，音楽家たちが，自分たちの練習を有意味におこなうための条件を構成していると考えられる．

7.6　小　括

　以上のことをふまえ，本章のひとつの達成は，音楽研究における等閑視されてきた領域としての「ひとりでおこなう練習」の特徴の分析に取り組んだことである．ベッカーたちが述べたように，誰もが，なんらかの意味において，練習をする（cf. Becker [1982] 2008＝2016）．本章は，音楽研究におけるこの見過ごされた領域としてのひとりでおこなう練習を，研究者たちが開拓していくための，ひとつの方針を実例的に提示することができた．むろん本章が提示した方針は，明らかにした知見という意味においても，また着目した場面という意味においても，あるいは利用した研究手法という意味においても，さまざまな方

針がありうるうちの，ひとつの小さな方針にとりくんだに過ぎない．とはいえ[4]こうした作業は，それでも社会生活における練習という活動それ自体の位置を私たちに想い起こさせ，研究者たちが音楽実践の「十全な報告」——とフィネガンが呼んだ方針——を構想するのに資するような作業を支援するようなものにはなりうるであろう（cf. Finnegan [1989] 2007＝2011）．

とはいえ，以下のことについては注意が必要である．すなわち，個人的な練習の詳細を明らかにするといっても，本章は実のところ，決してベッカーたちが問題にしたような形で練習を明らかにしたのではない．つまり練習において，音楽家たちがアート・ワールドに参入するためのいかなる能力が獲得されたのかといったことなどを本章は，差し当たり問題にはしていない．仮に問うとしても，本章における分析から言えることはほとんど無いだろう．なぜなら，少なくとも本章が取り組んだ場面においては，「何が獲得されたのか」ということが，実践における関心として提示されていないからである．そして練習場面のエスノメソドロジーが練習者たちの実践的関心にのみ徹する限りにおいて，そのような実践者の関心を超えて，練習場面において獲得された能力について何かが述べられる必要はない．この意味で，本書が練習において獲得されている能力について言及しないのは，それがエスノメソドロジー研究としておこなわれていることによる必然的な帰結ですらある．

だが本章は，練習をする音楽家たちが，能力の獲得などしていないなどと主張したいのではない．むしろ，次のことが重要である．すなわち，ある練習において，誰が，何を，いかにして「獲得」しているかという問いは，研究者によって設定されている理論的な問いである以前に，音楽家たちによって取り組まれている実践的な問いである．したがって，あるひとつの練習を，能力の獲得というより「厚い」文脈（前田 2015）に位置づける作業とその価値は，あくまでも音楽家たちによる日常的実践のなかに位置づいているというべきだ．本章は最初に，「練習」と「能力」がアプリオリな関係を備えていることに言及しておいた．こうした練習がわたしたちの社会生活においてどのような仕方で編成されているかは，私たち自身が取り組んでいる知識をめぐる，さらなる経験的な探求に開かれているのである．[5]

注
1）楽器の調整などといった準備活動における個人的な時空間の編成については，試論的

ではあるものの，吉川侑輝（2022）による議論を参照されたい．

2）むろん，まずはそれが調査者への説明を編成するための言語実践であるという特徴さえ踏まえておくのであれば，音楽家たちへのインタビューといった既存の研究手法は，個人的な練習の詳細を知るための，明らかに有効な手立てのひとつである．調査における聞き取り活動と聞き取られる内容の関連にかかわるエスノメソドロジー研究については，特に浦野茂による議論（2012: 129-43）などを参照されたい．

3）再び，この「方法」は，会話分析の研究者たちが「証明手続き」（Schegloff 1996＝2018: 121-2）と慣習的に呼んでいる方法が念頭にあるものである．

4）こうした練習自体の理解可能性を跡づけるという作業はまた，研究者たちが音楽家たちへのインタビューなどといった方法を採用することができることの条件を構成してもいるように思われる．インタビューに答えるためには，まず自分のしていることが理解できているのでなくてはならないであろう．その回答可能性は，練習の理解可能性を基盤にしてもいるのである．

5）経験的研究のひとつとして，西阪による議論（Nishizaka 2006, 西阪 2008: 53-110）があるので参照されたい．

第 8 章

結　論

8.1　本章の目的

　本書はここまで，以下のことを論じてきた．

　第1章から第3章にかけては，本書が経験的研究をすすめていくための予備的な考察をおこなった．まず第1章では，本書の問題設定をおこなった．本書はまず，音楽という現象の特徴を提示するという目標を設定し，それを遂行するための方針を考察した．具体的には，まず音楽の日常的観察と科学的観察の関係を示したうえで，前者を主題化することを主張した．また日常的観察の明確化を遂行していくために，非専門家たち（素人）による観察というよりはむしろ，専門家たちによる観察を跡づけていくことの正当性を論じた．そのうえで，練習場面をフィールドとして，演奏にかかわるエスノメソドロジー（Garfinkel 1967, 2002）を解明するということを，本書の目的として提示した．つづけて第2章では，先行研究として，音楽にかかわる活動のエスノメソドロジーの包括的な検討をおこなった．こうした検討を通じて本書は，既存の研究が，それが対象としている現象という観点からいくつかのタイプを構成していることを論じた．そのうえで本書は，こうしたタイプのうちのひとつを「演奏分析」と（要約的に）表現したうえで，音楽の日常的観察を明らかにしていくために，練習場面における演奏分析を遂行するということを論じた．第3章では，本書が人びとの日常的活動を記録，転記，そして収集したりするために利用可能な専門的な技術を正当化するための，方法論的な議論をおこなった．具体的には，エスノメソドロジーにおける方法論的な議論どうしの関係を整理することで，こうした技術の利用が，人びとの日常的実践における詳細を「想起」するために利用可能であることを主張した．

　つづく第4章から第7章にかけては，練習場面における演奏についての，

122

フィールドワークに基づく経験的な調査研究を遂行した．まず第4章では，リハーサル場面をフィールドとして，演奏の開始直前におけるやりとりに着目した．そのような場面の分析を通じて本書は，音楽における「同期」が人びとにいかなる課題を要請しているかを明確にした．第5章では，音楽演奏それ自体の分析を試みた．とりわけ音楽家が自らの演奏の断片を繰り返すことによって，それら断片の関係を明確にしていく過程を記述した．つづく第6章では，具体的な演奏分析として，2人でおこなわれるチューニング場面の分析をおこなった．分析を通じて本書は，チューニング場面において，参加者たちが「n＋n＋s」と要約可能なプラクティスを利用しながら，自らの楽器の調整状態を提示しあっていることを明らかにした．また第7章では，ひとりでおこなうジャズ・ピアノの即興演奏の練習場面のビデオ分析をおこなった．分析を通じて本書は，対象となっている練習場面において，さまざまな公的なプラクティスを利用することによって，ひとつの理解可能な即興演奏活動を組みたてていることを明らかにした．第7章における分析はまた，演奏における理解可能性の解明を通じて，ひとりでおこなう練習という一見して探求が困難にもおもえるような場面における公的な理解可能性を明らかにするものでもあったといえるだろう．

　本章の目的は，ここまでおこなってきた7つの研究を踏まえたうえで，本書全体の結論を提示することである．続く8.2ではまず，第4章から第7章における研究の検討を通じて明らかとなったことを検討していく．そのうえで8.3では，本書における演奏分析と既存のエスノメソドロジー研究とがいかなる関係を備えているかを論じていく．そのうえで8.4では，本書が提示する結論として，科学的観察と日常的観察とがいかなる関係を備えているかを論じ，音楽がいかなる特徴をそなえているかについて考察をおこなう．最後の8.5では，本書がかかえる課題や展望を提示する．

8.2　演奏分析——現象の日常性・言語性・複合性

　本節では，本書が達成した経験的研究の既存のエスノメソドロジー研究における位置づけやその含意を明確にするのに先だって，まずは本書にふくまれている4つの演奏分析同士を並置することで，あるいはこれらを本書が構築してきたエスノメソドロジー研究のひとつの小さな「コレクション」としてみたと

きに，いかなることが明確になるかを論じていきたい．

　第 4 章における分析が私たちにまず想い起こさせることは，音楽における専門的観察が，非専門的観察との連続性をもっているということであるように思われる．第 4 章において述べたように，アンサンブルの演奏者たちは，演奏の開始に先立って，それを予示するための一連の連鎖からなる表現を持っていた．それは {1} 演奏の提案，{2} 演奏の準備，{3} アインザッツの提示，そして {4} 演奏と表現できる構成要素からなっており，本書は，こうした表現が合奏という時間的な秩序を準備するための連鎖的な秩序と呼べるものであるという理解を提示しておいた．すなわち合奏を同時に開始するという人びとがもっている実践的課題へのひとつの対処法として，この連鎖的秩序は，現実に利用されているものである．このとき注意すべきことのひとつは，ここで示されているような現象が，「練習」場面などといった（少なくともある程度の）専門性をそなえた活動において利用されているからといって，そのような専門性をもつ参加者たちのみが理解できるような現象ではないということである．もちろんこの連鎖構造の構成要素のいくつかは，およそ音楽活動に類するような場面においてのみ登場することがありうるものである．実際のところ，「演奏の提案」「演奏の準備」「アインザッツの提示」そして「演奏」といったこれらの表現の全てが，たとえば「演奏」が日常生活のなかでおこなわれたりすることはありそうにない．しかし，「提案」や「準備」はどうであろうか．明らかにわたしたちは，練習以外のさまざまな場面において，「提案」や「準備」を日常的におこなうであろう．この意味において第 4 章において論じられた連鎖構造は，それが専門性をそなえた活動において利用されているからとって，日常生活世界と全く無関係に取り組まれているのではない．それはむしろ，私たちの日常性とのかかわりをもちながら，その連続性のなかで，そう理解できるように編成されているのでなくてはならないのである（cf. Lynch 1993＝2012; 前田 2015）．

　第 5 章の分析においてさらに明確になったのは，こうした日常的観察が，科学者が続けて開始することが可能となるものであるところの，科学的観察ともまた連続しているということである．すなわち第 5 章において述べたように，たとえばティア・デノーラ（DeNora 2000）のような音楽における意味の構築過程を探求したいと考える社会学者にとってのアフォーダンスのような理論的構築物とはすなわち，科学的探究の対象であるところの実践の参加者たちが織りなす実践的な説明可能性が編成されたあとに探求することが可能となる，ひと

つの説明可能性なのであった．この意味において研究者たちが科学的に探求する対象は，専門的な探求と日常的な探求が連続していたように，その日常的にして実践的なありかたと，連続したものとして構成されているのである．

　さらに，第4章における分析と第6章における演奏分析を比較検討した時に想起されると思われることのひとつは，本書が論じてきたプラクティスがいずれも，言語を結び付けていく方法を通じて成り立っているということである．第4章と第6章の分析を比較したときに興味をひくのは，第4章におけるプラクティスが言葉（つまり発話）を用いた連鎖構造の編成にかかわっていたのに対して，第6章におけるそれは，チェンバロとヴァイオリンの音という，――「レーレ」などをはじめとした――演奏表現のみが用いられているということである．ここで注意すべきは，その表現において第4章における分析と第6章におけるそれが対照をなしている一方で，両者をそれぞれ支えているのはともに等しく言語的なプラクティスであるということである．第4章におけるプラクティスが {1} 演奏の提案 {2} 演奏の準備 {3} アインザッツの提示 {4} 演奏という4つの構成要素――言うまでもなく言語的な――からなる連鎖構造として表現されているのに対して，第6章におけるそれは，本書の主張にもとづけば，「n＋n＋s」と表現可能なものであった．すでに述べたように，この表現は，「レーレ」という表現が，調整を伴わない d 音が一度のみ繰り返されていることによって組み立てられていることを要約的に表現したものである．こうしたことからうかがえるように，表現としての言葉が用いられていないということそれ自体が，目下のさまざまな表現が言語的なプラクティスを通じて組み立てられていないということを意味するわけではない．実際に私たちが見出すことが可能であることは，むしろ逆の事態である．すなわち活動における表現は，それが言葉によって表現されているか（「レーレ」といった）演奏によって表現されているかにかかわらず，そのいずれもが言語的なプラクティスのもとで理解可能なものとなっている．

　なおここで，こうした「n＋n＋s」といった（一見奇妙な）表現ですら，非専門的な日常的実践とのかかわりのもとで取り組まれていることを付言しておきたい．たしかに，この「n＋n＋s」なる表現が備えている明白な特徴のひとつは，それが3つのアルファベットという，明らかに日常生活においては利用されていないような語彙によって表現されているということであった（実際，世界中のどこを探しても，「n＋n＋s」という項目を収録した辞典は存在しないだろう）．

しかしながら，第 6 章における知見に「n＋n＋s」という表現が与えられていることは，こうした知見が人びとの日常的実践とは無関係な知見を提示しているといったことを，必ずしも意味しない．第 6 章においてすでに述べたように，これは研究を遂行していくうえでの，いわば便宜上の「要約的表現」（西阪 2008: 21）なのであり，その内実が——すなわち「調整を伴わない d 音を一度のみ繰り返すこと」のように——自然言語を尽くしてふたたび説明されれば，あくまでも，当の参加者たちにとってもまた理解可能な——少なくともそう期待はできるような——知識に与えられたひとつの表現であるにすぎないのである．こうした意味において，第 6 章における研究は，チューニングの参加者たちが現実に取り組んではいるが，必ずしも明確な表現が与えられているとは限らないような知識をあらためて明確にするような——エマニュエル・シェグロフ風に，発見するような（Schegloff 1996＝2018: 124）といっても良いはずだ——作業であったといえよう．そして再び，なにかを「繰り返し」たりすることは，日常においても，その他の場所においても起こりうる（cf. Lynch 1993＝2012; 前田 2015）．この意味において「n＋n＋s」という表現の理解可能性はあくまでも，私たちの日常との連続性のもとで編成され，取り組まれているのである．

　また，第 7 章における演奏分析を第 4 章，第 5 章，そして第 6 章におけるそれと比較した時に明確となることのひとつは，（ひとりでおこなう）練習というひとつの活動が，複数のプラクティスの複合体 complex として編成されているということである．第 7 章で論じたように，分析対象となったデータにおいては，「順序づけ ordering」や「置き換え」といった複数のプラクティスが，ひとつの場面の理解可能性を構成していることが示された．こうした分析はまた，複数のプラクティス同士が，同時に利用可能な関係をそなえているということを例証するものともなっていた．すなわち第 7 章での分析において，「置き換え」と「順序づけ」をはじめとした数々のプラクティスは，お互いを支えあうような関係をそなえていたものである．たとえば，第 7 章において検討した練習の事例においては，たんに「順序づけ」がおこなわれているために「置き換え」が取りくまれているということが言えるだけでなく，「置き換え」がおこなわれているというまさにそのことが，「順序づけ」が取りくまれていることを標示するものでもあった．同様に，こうした「置き換え」が，同じ指を使用することによって取りくまれているということもまた，目下の「置き換

え」が，他ならぬ「練習」として遂行されていることに埋めこまれていた．こうした意味において，第7章における分析は，数々のプラクティスが，一方が他方を支えるというよりはむしろ，それぞれのプラクティスの重なりあいが，ひとつの個性的な場面（Garfinkel 2002; 前田 2018）を形づくっているありようを明らかにしているといえるであろう．このように，本書が論じてきた現象はいずれも，日常性との連続性や言語性を備えたプラクティスの複合体やその一部として取り組まれているのである．

　観察可能な現象が，日常的，言語的，そして複合的なプラクティスからなっているということ，これらのことが，本書が4つの演奏分析の比較を通じて示した，音楽についての差し当たりの特徴づけである．さてそれではこのような特徴づけは，既存のエスノメソドロジー研究や音楽社会学的研究と，どのような関係をとり結ぶであろうか．

8.3　議　論——演奏分析と会話分析

　こうしたことをふまえ本節では，本書における4つの演奏分析が，既存のエスノメソドロジー研究に対していかなる含意を備えているかを，演奏分析と会話分析にわけて述べていきたい．

　本書における研究はまずなによりも，演奏分析を実演的に展開（発展）するものとなっているように思われる．すでに第2章において論じたように，既存のエスノメソドロジー研究のうちのいくつかは，楽音による時間的秩序の編成を分析する，という課題に取りくんでいるものであった（ex. Sudnow 1978＝1993, 1979, 2001; Weeks 1996b）．そして本書では，こうした時間的秩序の分析をその基礎におくような研究を，「会話分析」に対して，「演奏分析」と要約的に表現しておいた．ここで，既存の会話分析と比べたとき，既存の演奏分析は，必ずしも活動において取りくまれているような反復可能なプラクティスを明確にしていくという方針においては取りくまれてこなかったということがいえる．これに対して，たとえば第6章における演奏分析は，「n＋n＋s」というプラクティスをあらためて明確にしていくということを通じて，遂行されていた．この意味において本書は，演奏分析を会話分析のような体系的な研究として展開していくための，ひとつの実例を提供していると考えることができる．無論だからといって，本書の分析が反復可能なプラクティスにのみ着目することに

よって分析対象となっているデータが備える固有性を軽視してきたとまで述べる必要はないだろう．すでに述べたように，第 7 章における演奏分析は，プラクティス同士が多層的に織りなされることによって，ひとつの演奏が，練習場面における即興演奏として構成されているありようを明らかにするものであった．このような，ある演奏における「個性原理 haecceity」(Garfinkel 2002) を回復していくという方針もまた，既存の演奏分析が必ずしも主題化してきたことではなかったように思われる．こうした意味においても，本書における演奏分析は，既存の演奏分析を経験的研究として，そして会話分析のような体系性をもった研究方針として展開していくための実例を提供しているといえるだろう．

　本書における研究はまた，おもに 2 つの意味において，演奏分析だけでなく，会話分析を展開するものでもあるように思われる．本書は第 2 章において，音楽にかかわる活動のエスノメソドロジー研究のなかでも，リハーサル場面やレッスン場面それ自体の構造を探究していくような研究を，発話による連鎖的秩序の分析に基礎をおくような研究として特徴づけておいた (ex. Weeks 1996a)——いうまでもなくこうした分析は，少なくとも典型的には，会話分析においてすすめられているものだ．本書は加えて，第 2 章において，練習場面における会話分析のなかでも，特に対面的なレッスン場面を主要なフィールドとして，「演奏」といった表現を会話における順番といったような活動における主要な要素として利用しているような場面についての研究が，複数存在していることを確認しておいた (ex. Tolins 2013; Duffy & Healey 2013a; Ivaldi 2016)．さらには，会話分析ではないものの，ピーター・トルミーたちのアイルランド音楽におけるセッションの研究のように，演奏という表現を利用しながら，楽曲を連鎖していく活動を探求している研究があった (Tolmie, Benford & Rouncefield 2013)．本書において提示された演奏分析は，まず第 1 に，これらの研究に対して，練習場面の会話における順番や行為として示してきたものを，ある相互行為上の場所 position においてすでに編成されたものでなく，その構成 composition のされ方にそくして分析していくという方針を与えるものとなっている（第 5 章における議論も参照のこと）．すなわち，本書において提示された演奏分析は，以上の研究が会話における「行為」として特定してきた演奏という対象についての研究を，行為の編成 organization の研究として，改めて主題化していく方針を提示するものとなっている．また第 2 に，上記のことがらに関係して，

本書の演奏分析は，表現とプラクティスの関係をふたたび想い起こさせるものとなっている．8.2で述べたように，活動においていかなる表現が用いられているのであるにしても，活動における表現の理解可能性はあくまでも，言語的な理解可能性をそなえているものなのであった．このことは会話分析が，会話における演奏の構成の研究を，これまでの方針をあくまでも徹底することによって遂行可能であることを示している．すなわち，会話と演奏という表現があくまでも見かけ上の区別にすぎないということ，このことを本書の分析は想い起こさせるものとなっているといえるであろう．一見すれば演奏分析は，会話分析と無関係であるようにも思える．しかし以上2つの意味において，本書の演奏分析は，従来の会話分析と決して無関係ではない．それは音楽にかかわる活動におけるエスノメソドロジーを対象とした会話分析が，その対象を切りつめることなく分析を遂行していくということを継続していくための足がかりとなりうる．

8.4　結　論——日常的観察と科学的観察

　ここまで，以下のことを述べてきた．まず本書が分析を通じて明確にしてきたように，現象は，日常的，言語的，そして複合的なプラクティスからなりたっていた．そしてこのような知見は，既存の演奏分析と会話分析の双方に貢献するものであった．具体的には，本書の分析は第1に演奏分析を体系的に展開するものであり，また第2に会話分析における技術を演奏の内容へと拡張したり，その認識論的な基盤についての省察をすすめたりしうるものであったといえる．

　本節ではつづけて，本書における演奏分析が既存の科学的観察へのどのような貢献可能性を備えているかということを論じることを通じて，音楽という現象の特徴を明確にするという本書の目標がどのようにして達成されたかを論じる．

　本書の特徴はまず，日常のなかで取り組まれている専門的実践を取り扱っているという点である．序論において述べたように，デノーラは「素人」の音楽実践を調べることを通じて，音楽の日常性を探求しようとした（DeNora 2000）．しかし，素人の実践を調べることはむしろ，音楽がいかにして組み立てられているかという方針を遂行するための十分な方針とはいえない場合がある．なぜ

なら素人の観察は，最初の専門的な観察を「上塗り」しうるような関係にあると考えられるからである．それに対して本書の分析は，日常的実践に内在することをめざしながら，むしろそれを目指す積極的方針として，演奏という専門性を備えた場面に着目した．第 4 章において示された一連の連鎖構造，第 5 章において示された説明可能性の構成，第 6 章において示された「n＋n＋s」といった表現形式，そして第 7 章において示されたプラクティスの複合性は，こうした方針を進めていくことによって始めて明らかになったような，一定の専門性を備えたプラクティスである．

　とはいえ，すでに述べたように，これらのプラクティスは素人の理解から独立した完全に専門的なプラクティスとして提示されているのではなかった．それはむしろ非専門的知識との重なりをもちながら，日常的知識との連続性のなかで，練習という活動の特性に埋め込まれるかたちで，実践されている．この意味において本書の観察が明らかにしているのは，専門的知識が非専門的知識とのいかなる複合体を構成しているかということである．こうした方針は日常生活世界における音楽実践に関心をもつ研究に対して具体的な分析事例を提示するだけでなく，デノーラが研究対象としたような，「素人の」実践がわたしたちの社会生活においていかなる位置を占めているかということを想い起こさせるものとなる．

　このようにして本書は，日常生活世界における音楽の観察をたどりなおすことによって，音楽の特徴を明らかにするという作業に取り組んできた．ではこうした作業は，科学的観察といかなる関係をもっているであろうか．続けてこのことを，人びとによる日常的観察と既存の科学的観察との比較において提示していきたい．

　一見すると，科学的観察とよびうる一連の研究（Silbermann 1957＝1966; Adorno 1960＝2014, 1962＝1999）と，本書がすすめてきた日常的観察とは，あくまでも無関係である．すなわち，第 1 章ですでに述べたように，科学的観察と日常的観察とは単に，異なる関心のもと，異なる方法を利用することによって，異なる活動に従事している．たしかに科学的観察は，なんらかの特殊な仕方を通じて音楽の捉えづらさという課題を解消している場合があるだろう．しかしながら，日常における人びともまた，その活動において，同じ課題を，科学的観察とは異なる仕方において従事しているに過ぎない．こうした見立てからすれば，両者は一見して没交渉の関係にある．

　しかしながら，このことは，人びとの日常的観察が専門家による科学的観察に対してなんの意味においても貢献しないことを意味しない．というのも，人びとの日常的観察を明確にすることによって獲得される知見は，科学的観察を進めるに際して困難を生じるような複雑な現象をより正確に特定し客観的に記述するための材料やそれを特定するための手段を，専門的な研究者たちにもまた提供する可能性があるからである．たとえば，「n＋n＋s」という表現は再び，人びとが現実に取り組んではいるが必ずしも明確にはなっていない知識を，あらためて明らかにするものであった．このことからもわかるように，本書の分析は，すでに科学的観察において科学的観察を進めるにあたって用意された語彙のリストには含まれてはいないものの，科学的観察に先立って人びとが現実に取りくんでいるような日常的観察において利用されている行為概念を明らかにするものでもある．第1章において，科学的観察が，人びとによる日常的観察が達成されたところから開始されているのだということを述べておいた．であるなら，こうした日常的なプラクティスの特定は，科学的観察が，人びとの活動をより正確に分類したり分析したりするための作業に利用できる可能性があるだろう．[1]

　こうしたことが認められるとすればさらに，たとえばアルフレッド・シュッツ（Schutz 1951＝1991）がそうであったような，音楽を通じて私たちの社会生活におけるなんらかの重要な契機についての理解を深めようとする一連の研究もまた，音楽における日常的観察を明確化していくという本書の作業によって，支援される可能性があるだろう．なかでも重要なのは，研究者が音楽についてのより正確な知識に基づきながら，対象についての理解を深めることができるということである．たとえばシュッツは，第1章でも述べたように，相互行為の根底にあるような私たちのコミュニケーションの基盤をなす機制を「相互同調関係」とよび，それが「非概念的な」（Schutz 1951＝1991）ものであると考えた．しかし，本書が論じてきたように，たとえその表現において言葉が用いられていないとしても，演奏活動は日常的な語彙のもとでも理解可能な言語的なプラクティスの複合として組み立てられていたのであった．本書の観察にもとづけば，シュッツによるこの観察には，混乱が含まれていることが指摘できるだろう．こうしたことはあくまでも一例であるが，このことは，日常的観察それ自体を明確にしていくという方針が，シュッツが必ずしも実際の演奏の観察にもとづくのではないかたちで明確にしていった音楽についての理解を修正し

ていったり，またそれによってさらなる理論的関心を深めていったりする可能性があることを示しているだろう．

8.5　課題と展望

　音楽という現象が，言語的，複合的，そして日常的なプラクティスを通じて編成されているということ，本書の知見をこのように定式化したうえで，最後に，本書の課題と展望を述べておきたい．

　第 1 に，本書はあくまでも練習場面における演奏分析である．第 1 章でも述べたように，もちろん練習場面における演奏活動は，音楽が積極的に観察されていることが期待できるような，際立った場面のひとつであるに違いない．しかしながら，それが音楽を探求するための唯一の場面でないこともまた明らかであるし，反対に，演奏がおこなわれているからといって，そうした活動において，つねに音楽だけが焦点をあてられているとは限らないだろう．この意味において，本書は今後，音楽として遂行されているさまざまな活動を改めて対象化していく必要があるように思われる．

　第 2 に，本書がフィールドとした練習という場面を考えた時に，より長期的な調査によって現象についての理解が深まっていく可能性が考えられる．本書は第 4 章において，4 つの部分からなる演奏を開始するために利用可能な一連の手続きを論じた．第 5 章では，演奏を洗練するための過程の一端を分析した．また第 6 章では，「n＋n＋s」というひとつの抽象的なプラクティスを特定した．そして第 7 章において，ひとつの練習場面におけるさまざまなプラクティス同士の関係を論じた．これら 4 つの分析はいずれも，ビデオデータに収められた断片の分析としてすすめられたものである．このとき，これは第 7 章の最後でも言及したことであるが，練習という活動がしばしば長期的な時間をもってその成果や達成が理解される場合があることに鑑みれば，こうした場面の固有性にさらに接近するために，より長期的な時間をあつかった研究を進めることによって，対象となっている断片についての理解を深めることができることが予想される（e.g. 吉川 2022）．

　こうしたことを踏まえながら，本書の展望として，2 つの点を挙げておきたい．第 1 に，他なる専門性の探求である．すでに述べたように，本書はひとつの専門性を前提とした日常的観察をあとづけたものである．とはいえ，私たち

の社会生活においてこうした専門性だけでなく非専門性を，そして演奏における専門性だけでなく医療や教育的な専門性をその基盤にすえながら取り組まれる活動があることは，紛れも無い事実であるだろう．したがって，このようなさまざまな専門性を対象とした研究を進めることによって日常的観察の多様なありようが明らかになるであろう[2)]．

　第2に，練習場面における演奏活動以外の活動の探求である．日常的な音楽の観察が，本書が設定した練習における演奏という場面においてのみ探求可能であると考える理由はない．むしろ演奏の「本番」や，音楽空間でない場所において音楽について語ることなどといったさまざまな活動が分析されることによって，音楽の日常的観察の多様なありようが明らかになるであろう．さらにこのとき，音楽学などが典型的な対象にしてきたような「作品」といった対象に積極的にアプローチすることによって，音楽家がいかなる実践的観察のもとである音楽を作曲するかといったことにかかわる方法が明確になることなども，十分に考えられる．こうした作業は，しばしばその研究対象の設定のしかたによって自らを規定したりするようなさまざまな学問分野の関係それ自体について再考したり，それらを再編成したりするようなことにもつながってくるだろう．

　第1章においてすでに述べたように，人びとの日常的観察は，科学的観察に先立って，それを別様に遂行するような観察でもあった．すなわち科学的研究には，研究対象となっている人びとがすでに取りくんでいる日常的観察が，その資源としてすでに含まれている．そして本書が取りくんできた演奏分析は，こうした日常的研究のひとつの局面を明らかにするという作業に他ならない．このとき，本書における4つの日常的観察がいずれも「楽音」をはじめとした，あくまでも目に見える――または聴こえる――表現を利用しながら取り組まれている活動を明確にするような作業でもあったことを，最後に，改めて指摘しておきたい．こうしたことが私たちに想い起こさせてくれるのは，「音楽をどのように観察するか」といったしばしば研究者によってとりくまれてきたような課題は，日常的観察においてすでに取りくまれているような課題でもあるということである．その主著『エスノメソドロジー研究』においてハロルド・ガーフィンケルは，社会生活を送るわたしたちが日常的に進めている推論をして，「実践的社会学的推論 practical sociological reasoning」と特徴づけている (Garfinkel 1967)．このガーフィンケルによる比喩的な特徴づけにならえば，演奏に従事する人びとはみな，専門的な研究者たちが研究をはじめる以前から，

実践的音楽研究者たちであるということができるだろう．そして本書が提示した演奏分析すなわちとは，このいわば「原初的な」(Lynch 1993＝2012: 344) 探求実践それ自体を探求していくための，ひとつの研究方針だったのである．

注 ───────────────────────────────────

1）エスノメソドロジー研究が人びと──むろん，研究者を含んだ──の実践に対してどのような示唆をもちうるかということについては，池谷のぞみ（2007; 2019）が繰り返し論じているので，参照されたい．
2）本書の執筆と並行してすでに着手されている研究としては，カラオケにおける相互行為の研究（吉川・小田中 2018; Yoshikawa 2018; 吉川 2021 b）や音楽療法の実践者に対するインタビュー（吉川・河村 2019, 2020; 河村・吉川 2019, 2020）などがある．

おわりに

　本書は，2020年度に慶應義塾大学大学院社会学研究科に提出された博士論文「日常的活動のなかの音楽の観察——練習場面におけるエスノメソドロジーを中心に」をもとに，加筆と修正をおこなったものである．元となった博士論文は，既発表の報告と論文から成立している．また書籍化に際しては，元の博士論文に，第5章の内容が追加された．各章の内容の初出は，概ね以下の通りである．その都度考えていたことの記録という意味も含めて，原則としていずれの章もそれほど大幅な修正はおこなわなかった．とはいえ一冊の書籍にするという作業の性質上，部分的には書下ろしや原型をとどめていない箇所もある．したがって，下記の対応は必ずしも厳密なものではない．

- 第1章：書き下ろし．一部に「音楽分析が住まう場所——日常のなかの音楽音楽のなかの日常」第872回首都大学東京社会人類学研究会（首都大学東京，2017年10月6日）を含む．
- 第2章：「音楽にかかわる活動におけるエスノメソドロジー——研究文献のレビューとその含意」エスノメソドロジー・会話分析研究会2018年度秋の研究大会（日本女子大学，2018年10月28日），「音楽活動のエスノメソドロジー研究——その動向，特徴，そして貢献可能性」『社会人類学年報』46: 137-151をもとに改稿．
- 第3章：「想起としての分析——音楽実践のビデオデータはなにを明らかにするのか？」東アジア人類学研究会2016年度年次大会（北海道大学，2016年10月9日），「記録すること，書き起こすこと，そして収集すること——『精巧なリマインダー』を組み立てるための専門的なテクノロジー」テクノロジー利用を伴う身体技法に関する学際的研究研究会（国立民族学博物館，2018年4月7日）等を含む．
- 第4章："Preparing for Synchrony: The Projection of a Cue in Ensemble Music Rehearsals," The International Institute

for Ethnomethodology and Conversation Analysis 2019,
Mannheim: The University of Mannheim（4 / 7 /2019）を
もとに改稿.

・第5章：「音楽活動のなかのマルチモダリティ——演奏をつうじた説
明可能性の編成」第92回日本社会学会大会（東京女子大学,
2019年10月5日），「音楽活動のなかのマルチモダリティ——演
奏をつうじたアカウンタビリティの編成」『質的心理学
フォーラム』12: 24-34（2020年）をもとに改稿.

・第6章：「ピッチが合うことの社会的達成——チューニングの構造と
演奏経験の組織化」日韓次世代学術フォーラム第13回国際学
術大会，（神奈川大学，2016年6月25日），「チューニング場面の
相互行為分析——いかにしてピッチが合うことを成し遂げる
か」『三田社会学』22: 85-98（2017年），"Pitch Matching as a
Social Accomplishment," The International Institute for
Ethnomethodology and Conversation Analysis 2017, Ohio:
Otterbein University（13/ 7 /2017）をもとに改稿.

・第7章：「『私的な』活動の公的な編成——プラクティス（練習）のな
かのプラクティス」日本社会学会第90回日本社会学会大会
（東京大学，2017年11月4日），「プラクティス（練習）のなかのプ
ラクティス——ひとりで行う演奏における『誤り』の理解可
能性」『三田社会学』23: 73-86（2018年）をもとに改稿.

・第8章：書き下ろし.

　本書の成立に際しては多くのご指導やご支援があった.
　まず，博士論文の審査をつとめてくださった先生方に，感謝申し上げたい.
学部ゼミ以来の指導教員であった慶應義塾大学文学部の近森高明先生（主査），
修士課程の後半から博論執筆過程の大部分の時期においてご指導をくださった
慶應義塾大学名誉教授の浜日出夫先生（副査），「サックス読書会」（2016年〜）
をはじめとした議論の場を組織してくださった慶應義塾大学文学部の池谷のぞ
み先生（副査），そして大学院での授業（2016年〜2019年）からその帰りの山手線
のなかでの議論にいたるさまざまな場でエスノメソドロジーの着想を体系的に
提示してくださった立教大学社会学部の前田泰樹先生（副査）に感謝したい.

また，大学院修士課程へ進学（2014年度）するさいに指導教員として受け入れてくださった，慶應義塾大学名誉教授の鈴木正崇先生ならびに，大学院での文化人類学関係の授業などで大変にお世話になった慶應義塾大学文学部の三尾裕子先生にも，感謝申し上げたい．さらには，千葉大学・大学院における会話分析ゼミへの参加（2016〜7年度）を許可してくださった西阪仰先生にもお礼申し上げたい．こうした先生方のご指導やゼミでの指導がなければ，本書は成り立たなかった．また，ここに挙げた先生方から研究上のご指導などを直接うけたほかは，ゼミにおける他のゼミ生との議論などが，本書の礎になっていることも，併せて付記しておく．

　本書はまた，「国際エスノメソドロジー・会話分析学会 The International Institute for Ethnomethodology and Conversation Analysis（IIEMCA）」「日本エスノメソドロジー・会話分析研究会（EMCA研）」「社会言語研究会（SOLA）」「サックス読書会」「ガーフィンケル読書会」をはじめとした，エスノメソドロジーを中心にすえた研究会などにおける参加者との議論などを通じて成立しているものでもある．議論をともにした全ての参加者に感謝する．

　さらには，本書の主題である音楽のエスノメソドロジー研究は，少なくとも私がその構想をはじめた2014年においては，およそ未開拓の分野であった．必要な文献を探したりするなかで，特に基本的にして重要なものをご教示くださったのは，酒井信一郎さんである．併せて感謝申し上げたい．

　私の大学院生活がはじまって以来，フィールドワークの奥深さや研究の楽しさを教えていただいたのは，鈴木正崇ゼミや三尾裕子ゼミの先輩・同輩・後輩諸氏をはじめとした慶應義塾大学における文化人類学関係のつながりである．かれ・かの女らとの全ての交流に，感謝する．なお本書第1章や第3章における議論の一部は，首都大学東京（当時）での社会人類学研究会，2016年から2021年まで幹事をつとめた「東アジア人類学研究会（東ア研）」における研究大会，そして国立民族学博物館における「テクノロジー利用を伴う身体技法に関する学際的研究」研究会での報告がもとになっている．オーガナイザーを含めた関係者各位に感謝する．私がいまエスノメソドロジーを自身の中心的な研究方針にすえているのは，大学院に進学して以来，フィールドの概念に徹するという研究態度を文化人類学から学んだことの自然な帰結にほかならない（と少なくとも私は思っている）．もし私にどこかフィールドワーカーらしいところがあるとすれば，それは全て，すぐ傍らでの「観察」を許してくれた先輩諸氏のお

かげである.

　本書の作製過程では，晃洋書房の徳重伸さんと阪口幸祐さん（当事）に大変お世話になった．また，お名前を挙げることができないが，調査に協力をしてくださった全ての方々，そして本書のもととなった査読論文の匿名の査読者たちにも，感謝をしたい.

　なお，本書は立教大学の出版助成により出版された．また元となった博士論文の執筆過程においては，次の奨学金または研究資金を得た．記して感謝する.

- 平成28年度若手研究者研究奨励奨学金（慶應義塾大学，2016年4月〜2017年3月）［研究課題名：音楽をめぐる活動の相互行為分析と記述的解明］.
- 平成29年度若手研究者研究奨励奨学金（慶應義塾大学，2017年4月〜2018年3月）［研究課題名：音楽実践のエスノメソドロジー研究——概念分析としての相互行為分析による音楽研究の提案］.
- 2018年度慶應義塾大学大学院博士課程学生研究支援プログラム（研究科推薦枠，2018年4月〜2019年3月）［研究課題名：人びとの演奏活動を支える実践的知識のビデオ分析］.
- 2019年度慶應義塾大学大学院博士課程学生研究支援プログラム（研究科推薦枠，2019年4月〜2020年3月）［研究課題名：即興的な音楽演奏を可能にする基盤的専門知の社会学的解明］.

　むろん，この書籍を含む私の研究活動の全ては，家族からの精神的・経済的な支援無くして成り立つことはなかっただろう．最後に，家族に感謝をしたい.

　2022年12月

　　　　　　　　　　　　　　　　　　　　　　吉 川 侑 輝

文　献

Abraham, O. & E. M. von Hornbostel, 1909-10, "Vorschlage fur die Transkription Exotischer Melodien," *Sammelbände der Internationalen Musikgesellschaft*, 1 -25. (George & Eve List, trans., 1994, "Suggested Methods for the Transcription of Exotic Music," *Ethnomusicology*, 38 （3）: 425-56.)

Adorno, T. W., 1960, *Mahler: Eine Musikalische Physiognomik*, Suhrkamp.（龍村あや子訳，2014, 『マーラー＜新装版＞──音楽観相学』法政大学出版局.）

────, 1962, *Einleitung in die Musiksoziologie: Zwölf Theoretische Vorlesungen*, Suhrkamp.（高辻知義・渡辺健訳，1999,『音楽社会学序説』平凡社.）

Ahmed, A. Y., S. Benford & A. Crabtree, 2012, "Digging in the Crates: An Ethnographic Study of DJs Work," *CHI*, 12: 1805-14.

Anderson, B., 2016, "Critique, Complacency, Cumulativity and Comparators: Notes on 'Radical Ethnomethodology,'" Manchester, 22- 3 June.

Bailey, J., 2008, "Ethnomusicology, Intermusability, and Performance Practice," H. Stobart, ed., *The New (Ethno) musicologies*, The Scarecrow Press, 117-34.

Barbieri, D., 2014, "Discussion Paper: Between Sharing and Discourse," *Social Semiotics*, 24 （4）: 530- 9 .

Becker, H. S., 1951, "The Professional Dance Musician and His Audience," *American Journal of Sociology*, 57 （2）: 136-44.

────, [1983] 2008, *Art Worlds (25th Anniversary Edition Updated and Expanded)*, University of California Press.（後藤将之訳，2016,『アート・ワールド』慶應義塾大学出版会.）

Benford, S., P. Tolmie, A. Y. Ahmed., A. Crabtree, & T. Rodden, 2012, "Supporting Traditional Music-Making: Designing for Situated Discretion," *CSCW*, 12: 127-36 [February 11-15, 2012, Seattle, WA, USA].

Black, S. P., 2008, "Creativity and Learning Jazz: The Practice of "Listening,"" *Mind, Culture, and Activity*, 15 （4）: 279-95.

────, 2011, "The Body in Sung Performance," *Anthropology News*, 52 （1）: 10.

Bögels, S. & S. C. Levinson, 2017, "The Brain Behind the Response: Insights into Turn-taking in Conversation from Neuroimaging," *Research on Language and Social, Interaction*, 50 （1）: 71-89.

Bohlman, P. V., 2002, *World Music: A Very Short Introduction*, Oxford University Press.（柘植元一訳，2006,『ワールドミュージック──世界音楽入門』音楽之友社.）

Booth, G. & M. Gurevich, 2012a, "Proceeding from Performance: An Ethnography of the Birmingham Laptop Ensemble." *International Computer Music Conference Proceedings* 2012 (September 9 -14, 2012, Ljubljana, Slovenia).

────, 2012b, "Collaborative Composition and Socially Constructed Instruments: Ensemble Laptop Performance through the Lens of Ethnography." *Proceedings of the International Conference on New Interfaces for Musical Expression* 2012, (May 21-23, Ann Arbor, MI, USA).

140

Born, G., 2005, "On Musical Mediation: Ontology, Technology and Creativity," *Twentieth-Century Music*, 2 （1）: 7-36.

Brooker, P. & W. Sharrock, 2013, "Remixing Music Together: The Use and Abuse of Virtual Studio Software as a Hobby," *Ethnomethodology at Play*, Ashgate, 135-55.

─────, 2016, "Collaborative Music-Making with Digital Audio Workstations: The "*n*th Member" as a Heuristic Device for Understanding the Role of Technologies in Audio Composition," *Symbolic Interaction*, 39 （3）: 463-83.

分藤大翼, 2010, 「相互行為のポリフォニー──バカ・ピグミーの音楽実践」木村大治・中村美知夫他編『インタラクションの境界と接続──サル・人・会話研究から』昭和堂, 207-28.

Burns, S. L., 2012, "'Lecturing's Work' A Collaborative Study with Harold Garfinkel," *Human Studies*, 35 （2）: 175-92.

Button, G., Lynch, M., & Sharrock, W., 2022, *Ethnomethodology, Conversation Analysis and Constructive Analysis: On Formal Structures of Practical Action*. Routledge.

Chamberlain, A. & A. Crabtree, 2016, "Searching for Music: Understanding the Discovery, Acquisition, Processing and Organization of Music in a Domestic Setting for Design," *Personal and Ubiquitous Computing*, 20: 559-71.

Cook, N., 1990, *Music, Imagination, and Culture*, Oxford University Press. （足立美比古訳, 1992, 『音楽・想像・文化』春秋社.）

Coulter, J., 1983, "Contingent and A Priori Structures in Sequential Analysis," *Human Studies*, 6 （4）: 361-76.

團康晃, 2011a, 「『社会としての学校』におけるメンバーシップ──インタビューと参与観察に見るカテゴリーの使用を題材に」日本ポピュラー音楽学会2011年第 1 回関東例会報告原稿.

─────, 2011b, 「『歌うこと』をすること──身体・声の構造化」第23回日本ポピュラー音楽学会大会報告原稿.

Dan, Y., 2021, "Organization of the Visual Structuring of the Voice in a Singing Lesson," *Ethnographic Studies*, 18: 263-82.

DeNora, T., 2000, *Music in Everyday Life*, Cambridge University Press.

─────, 2003, *After Adorno: Rethinking Music Sociology*, Cambridge University Press.

Duffy, S., 2015, Shaping Musical Performance through Conversation, Doctoral dissertation, Queen Mary University of London.

Duffy, S. & P. G. T. Healey, 2012, "Spatial Co-Ordination in Music Tuition," Proceedings of the 34th Annual Conference of the Cognitive Science Society, 1512- 7 .

─────, 2013a, "Using Music as a Turn in Conversation in a Lesson," Proceedings of the 35th Annual Conference of the Cognitive Science Society, 2231- 6 .

─────, 2013b, "Music, Speech and Interaction in an Instrumental Music Lesson: An Ethnographic Study of One-to-One Music Tuition," M. Orwin, et al., eds., *Language, Music and Interaction*, College Publications, 231-80.

─────, 2014, "The Conversational Organization of Musical Contributions," *Psychology of Music*, 13: 888-93.

─────, 2017, "A New Medium for Remote Music Tuition," *Journal of Music Technology &*

Education, 10（1）: 5 -29.

Duffy, S., D. Williams, T. Stevens, I. Kegel, J. Jansen, P. Cesar & P. G. T. Healey, 2012, "Remote Music Tuition," Proceedings of the 9 th Sound and Music Computing Conference: 333- 8 .

Durkheim E., 1960, *Le suicide: Étude de sociologie*, Presses Universitaires de France. （宮島喬訳, 1985, 『自殺論』中央公論社.）

海老田大五朗, 2018, 『柔道整復の社会学的記述』勁草書房.

Farías, I. & A. Wilkie, eds., 2015, *Studio Studies: Operations, Topologies & Displacements*, Routledge.

Finnegan, R., [1989] 2007, *The Hidden Musicians: Music-Making in an English Town*, Cambridge University Press. （湯川新訳, 2011, 『隠れた音楽家たち——イングランドの町の音楽作り』法政大学出版局.）

Forrester, M. A., 2009, "Emerging Musicality During the Pre-School Years: A Case Study of One Child," *Psychology of Music*, 38（2）: 131-58.

Frick, M., 2013, "Singing and Codeswitching in Sequence Closings," *Pragmatics*, 23（2）: 243-73.

藤岡幹嗣, 2016, 「映像記録と録音」増野亜子編『民族音楽学12の視点』音楽之友社, 113- 5 .

吹上裕樹, 2015, 「社会を媒介する音楽——出来事の生成理論をめざして」関西学院大学大学院社会学研究科博士論文.

————, 2018, 「A・エニョンの媒介理論——音楽的活動の比較社会学に向けて」『ソシオロジ』63（2）: 63-81.

Garfinkel, H., 1964, "Studies of the Routine Grounds of Everyday Activities," *Social Problems*, 11（3）: 225-50. （北澤裕・西阪仰訳, 1995, 「日常活動の基盤——当たり前を見る」『日常性の解剖学』マルジェ社, 31-92.）

————, 1967, *Studies in Ethnomethodology*, Prentice-Hall.

————, [1968] 1974, "The Origin of the Term "Ethnomethodology,"" R. Turner, ed., *Ethnomethodology*, Penguin, 15- 8 . （山田富秋・好井裕明・山崎敬一訳, 1987, 「エスノメソドロジー命名の由来」『エスノメソドロジー——社会学的思考の解体』せりか書房, 11-20.）

————, 2002, *Ethnomethodology's Program: Working out Durkeim's Aphorism*, Rowman & Littlefield.

Garfinkel, H., M. Lynch, & E. Livingston, 1981, "The Work of Discovering Science Construed with Materials from Optically Discovered Pulsar," *Philosophy of the Social Sciences*, (11): 131-58.

Garfinkel, H. & H. Sacks, 1970, "On Formal Structures of Practical Actions," J. D. McKinney & E. A. Tiryakian, eds., *Theoretical Sociology*. Appleton Century Crofts, 337-66.

Garfinkel, H. & D. L. Wieder, 1992, "Two Incommensurable, Asymmetrically Alternate Technologies of Social Analysis," G. Watson & R. M. Seiler, eds., *Text in Context*, Sage: 175-206.

Geertz, C., 1973, *The Interpretation of Cultures: Selected Essays*, Basic Books. （吉田禎吾他訳, 1987, 『文化の解釈学〈1〉』岩波書店.）

Gell, A., 1998, *Art and Agency: An Anthropological Theory*, Clarendon Press.

Gibson, J. J., 1966, *The Senses Considered as Perceptual Systems*. Houghton Mifflin. （佐々木正人・古山宣洋・三嶋博之訳, 2011, 『生態学的知覚システム——感性をとらえなおす』東京大学出版

142

会．）

Halbwachs, M., 1950, "La mémoire collective chez les musiciens," *La mémoire collctive*, Presses universitaires de France.（小関藤一郎訳, 1989,「付録 集合的記憶と音楽家」『集合的記憶』行路社, 208-48.）

浜日出夫, 2004,「エスノメソドロジーの発見」山崎敬一編『実践エスノメソドロジー入門』有斐閣, 2-14.

―――, 2017a,「日常生活世界」友枝敏雄・浜日出夫・山田真茂留編『社会学の力――最重要概念・命題集』有斐閣, 40-3.

―――, 2017b,「エスノメソドロジー」友枝敏雄・浜日出夫・山田真茂留編『社会学の力――最重要概念・命題集』有斐閣, 48-51.

Hanslick, E., [1854] c. 1922, *Vom Musikalisch-Schönen*, Breitkopf & Härtel.（渡辺護訳, 1960,『音楽美論』岩波書店．）

Hatch, D. J. & D. R. Watson, 1974, "Hearing the Blues: An Essay in the Sociology of Music," *Acta Sociologica*, 17 (2): 162-78.

Haviland, J. B., 2007, "Master Speakers, Master Gesturers: A String Quartet Master Class," S. D. Duncan, J. Cassell & E. T. Levy, eds., *Gesture and the Dynamic Dimension of Language: Essays in Honor of David McNeil*, Amsterdam: John Benjamins Publishing Company, 147-72.

―――, 2011, "Musical Spaces," J. Streeck, C. Goodwin & C. LeBaron, eds., *Embodied Interaction: Language and Body in The Material World*, Cambridge University Press, 289-304.

林進・小川博司・吉井篤子, 1984,『消費社会の広告と音楽』有斐閣選書．

Hennion, A., 2003, "Music and Mediation," M. Clayton, T. Herbert & R. Middleton, eds., *The Cultural Study of Music: A Critical Introduction*, Routledge, 80-91.（若尾裕訳, 2011,「音楽とその媒体」若尾裕監訳『音楽のカルチュラル・スタディーズ』アルテスパブリッシング, 86-99.）

―――, [1993] 2007, *La passion musicale: Une sociologie de la médiation*, Editions Métailié. (Margaret Rigaud, trans., 2015, *The Passion for Music: A Sociology of Mediation*, Routledge.)

Hester, S. & D. Francis, 2007, "Analysing Orders of Ordinary Action," S. Hester & D. Francis, eds., *Orders of Ordinary Action: Respecifying Sociological Knowledge*, Ashgate, 3-12.

Hömke, P., J. Holler & S. C. Levinson, 2017, "Eye Blinking as Addressee Feedback in Face-To-Face Conversation," *Research on Language and Social Interaction*, 50 (1): 54-70.

Hood, M., 1960, "The Challenge of "Bi-Musicality"," *Ethnomusicology*, 4 (2): 52-9.

細馬宏通・菊地浩平, 2019『ELAN 入門――言語学・行動学からメディア研究まで』ひつじ書房．

Howard, V. A., 1982, *Artistry: The Work of Artists*, Hackett Publishing Company.

Husserl, E., 1956, *Die Krisis der europäischen Wissenschaften und die transzendentale Phänomenologie: Eine Einleitung in die phänomenologische Philosophie*, Husserliana Bd. VI, Martinus Nijhoff.（細谷恒夫・木田元訳, 1995,『ヨーロッパ諸学の危機と超越論的現象学』中央公論社．）

池谷のぞみ, 2002,「エスノメソドロジーってなに？」『システム／制御／情報』46 (9): 585-6.

―――, 2007,「EM における実践理解の意味とその先にあるもの」前田泰樹・水川善文・岡田光弘編『エスノメソドロジー――人びとの実践から学ぶ』新曜社, 248-57.

―――, 2019,「社会課題とエスノメソドロジー研究との関わり――救急医療におけるワークの研

　　究を中心に」『年報社会学論集』32: 12-22.

今井晋, 2012,「JASPM23大会　WORKSHOP-A　ビデオデータから見る『音楽すること』」『ポピュラー音楽研究』6 : 56- 7 .

石井幸夫, 1996,「コミュニケーションのリアリティー——ガーフィンケルの観察」『社会学評論』47（ 4 ）: 428-44.

————, 2009,「言語をいかに問うべきか」『社会学年誌』50: 117-33.

Ivaldi, A., 2016, "Students' and Teachers' Orientation to Learning and Performing in Music Conservatoire Lesson Interactions," *Psychology of Music*, 44（ 2 ）: 202-18.

Johnstone, J. & E. Katz, 1957 "Youth and Popular Music: A Study in the Sociology of Taste," *American Journal of Sociology*, 62（ 6 ）, 563-568.

Jordania, J., 2011, *Why Do People Sing?*, Logos.（森田稔訳, 2017,『人間はなぜ歌うのか？——人類の進化における「うた」の起源』アルク出版.）

梶丸岳, 2013,『山歌の民族誌——歌で詞藻を交わす』京都大学学術出版会.

片上平二郎, 2018,『アドルノという「社会学者」——社会の分光と散乱する思想』晃洋書房.

河村裕樹・吉川侑輝, 2019,「精神医療のなかの音楽療法——専門性を支える論理を跡付ける」第92回日本社会学会大会（10月 6 日）.

————, 2020,「音楽療法の効果はどのように説明されるのか——精神医療における音楽療法に着目して」第46回日本保健医療社会学会大会（ 9 月 6 日）.

河瀬諭, 2014,「合奏における演奏者間コミュニケーション——タイミング調整とその手がかり」『心理学評論』57（ 4 ）: 495-510.

北田暁大, 2017,「社会にとって「テイスト」とは何か——ブルデューの遺産をめぐる一考察」北田暁大・解体研編『社会にとって趣味とは何か——文化社会学の方法規準』河出書房新社, 45-127.

Keating, E., 1993, "Correction/Repair as a Resource for Co-construction of Group Competence," *Pragmatics*, 3 : 411-23.

Keil, C. M. H., 1966, "Motion and Feeling through Music," *The Journal of Aesthetics and Art Criticism*, 24（ 3 ）: 337-49.

Kendrick, K. H., 2017, "Using Conversation Analysis in the Lab," *Research on Language and Social Interaction*, 50（ 1 ）: 1 -11.

Kendrick, K. H. & J. Holler, 2017, "Gaze Direction Signals Response Preference in Conversation," *Research on Language and Social Interaction*, 50（ 1 ）: 12-32.

小泉恭子, 2007,『音楽をまとう若者』勁草書房.

小宮友根, 2011,『実践の中のジェンダー——法システムの社会学的記述』新曜社.

Kripke, S. A., [1972] 1980, *Naming and Necessity*, Harvard University Press.（八木沢敬・野家啓一訳, 1985,『名指しと必然性——様相の形而上学と心身問題』産業図書.）

串田秀也, 2000,「モニターのこちら側のフィールドワーク——ある「会議」を素材とした会話分析の経験」好井裕明・桜井厚『フィールドワークの経験』せりか書房, 176-193.

————, 2010,「サックスと会話分析の展開」串田秀也・好井裕明編『エスノメソドロジーを学ぶ人のために』世界思想社, 205-24.

————, 2017 「分析の手順と方法論」串田秀也・平本毅・林誠『会話分析入門』勁草書房, 51-75.

Lomax, A., 1962, "Song Structure and Social Structure," *Ethnology*, 1 （ 4 ）: 425-51.（柿沼敏江訳,

2007, 「歌の構造と社会の構造」『アラン・ローマックス選集——アメリカン・ルーツ・ミュージックの探究, 1934-1997』みすず書房, 268-95.）

———, 1969, "Choreometrics A Method for the Study of Cross-Cultural Pattern in Film," *Research film*, 6（6）: 505-17.（柿沼敏江訳, 2007, 「計量舞踊学——映像における通文化的類型研究の方法」『アラン・ローマックス選集——アメリカン・ルーツ・ミュージックの探究, 1934-1997』みすず書房, 296-305.）

———, [1975] 2003, "Audiovisual Tools for the Analysis of Culture Style," P. Hockings, ed., *Principles of Visual Anthropology*, 3 rd ed., De Gruyter Mouton, 315-34.

Lynch, M., 1993, *Scientific Practice and Ordinary Action: Ethnomethodology and Social Studies of Science*, Cambridge University Press.（水川善文・中村和生監訳, 2012, 『エスノメソドロジーと科学実践の社会学』勁草書房.）

———, 2011, "Harold Garfinkel（29 October 1917 – 21 April 2011）: A Remembrance and Reminder," *Social Studies of Science*, 41（6）: 927-42.

———, 2019, "Garfinkel, Sacks and Formal Structures: Collaborative, Origins, Divergences and the History of Ethnomethodology and Conversation Analysis," *Human Studies*, 42: 183-98.

前田泰樹, 2008, 『心の文法——医療実践の社会学』新曜社.

———, 2015, 「『社会学的記述』再考」『一橋社会科学』7（別冊）: 39-60.

———, 2017, 「エスノメソドロジー」日本社会学会理論応用事典刊行委員会編『社会学理論応用事典』丸善出版, 264-5.

———, 2018, 「経験の固有性を理解する」前田泰樹・西村ユミ『遺伝学の知識と病いの語り——遺伝性疾患をこえて生きる』ナカニシヤ出版, 175-93.

前田泰樹・水川善文・岡田光弘編, 2007, 『エスノメソドロジー——人びとの実践から学ぶ』新曜社.

正井佐知, 2015, 「障碍者とコミュニケーション——オーケストラの合奏練習を事例として」大阪大学大学院人間科学研究科2014年度修士論文.

———, 2017, 「障害のある奏者のオーケストラ参加——医療・福祉従事者の関与しない環境に着目して」『ソシオロゴス』41: 112-29.

マクガレルローレンスM, 1987, 「ピアノ教育における即興演奏指導——D. サドナウ著 Ways of the Hand の考察を中心に」『エリザベト音楽大学研究紀要』7: 39-48.

Merlino, S., 2014, "Singing in "Another" Language: How Pronunciation Matters in the Organisation of Choral Rehearsals," *Social Semiotics*, 24（4）: 420-45.

Meyer, L. B., 1956, *Emotion and Meaning in Music*, University of Chicago Press.

南田勝也, 2019, 「Identity——世代とアイデンティティ」南田勝也・木島由晶・永井純一・小川博司編著『音楽化社会の現在——統計データで読むポピュラー音楽』新曜社, 108-24.

南出和余・秋谷直矩, 2013, 『フィールドワークと映像実践——研究のためのビデオ撮影入門』ハーベスト社.

見田宗介, 1967, 『近代日本の心情の歴史——流行歌の社会心理史』講談社.

宮本直美, 2006, 『教養の歴史社会学』岩波書店.

Mondada, L., 2007, "Commentary: Transcript Variations and the Indexicality of Transcribing Practices," *Discourse Studies*, 9（6）: 809-21.

Morrison, S. & J. Fyk, 2002, "Intonation," R. Parncutt & G. Mcpherson eds., *Science and*

Psychology of Music Performance: Creative Strategies for Teaching and Learning, Oxford University Press.（松永理恵・荒川恵子訳，2011,「イントネーション――音楽演奏における ピッチ感覚とは」安達真由美・小川容子監訳『演奏を支える心と科学』誠信書房，281-308.）

Nakamura, K., 1999, "Searching for the Meta-narrative of Das Lied von der Erde: Narrativity and "melancholic Dialectic"," *Ongakugaku*, 45（1）: 42-66.

中村美亜，2012,「第23回大会報告　ワークショップＡ」『JASPM NEWSLETTER』24（1）: 9-11.

――――, 2013,『音楽をひらく――アート・ケア・文化のトリロジー』水声社.

――――, 2017,「東日本大震災と『音楽の力』――音楽に何ができるのか?」毛利嘉孝編『アフ ターミュージッキング――実践する音楽』東京芸術大学出版会，34-59.

Nattiez, J. J., 1987, *Musicologie générale et sémiologie*, Christian Bourgois.（足立美比古訳，1996,『音楽記号学』春秋社.）

西島千尋，2015,「音楽鑑賞教育における経験されるものとしての音楽観の必要性――T. デノーラ の〈音楽イヴェント〉概念の検討をとおして」『日本福祉大学子ども発達学論集』7 : 17-28.

西下文恵，2004,「ダンス教室のインストラクション場面における相互行為分析」樫田美雄編『社会 学の窓――ドラマティックな日常生活（平成15年度徳島大学総合科学部樫田ゼミナール ゼミ論 集）』徳島大学総合科学部社会学研究室，29-54.

Nishizaka, A., 2006, "What to Learn: The Embodied Structure of the Environment," *Research on Language and Social Interaction*, 39（2）: 119-54.

西阪仰，1997,『相互行為分析という視点――文化と心の社会学的記述』金子書房.

――――, 1998,「概念分析とエスノメソドロジー――『記憶』の用法」山田富秋・好井裕明編『エ スノメソドロジーの想像力』せりか書房，204-23.

――――, 2001,『心と行為――エスノメソドロジーの視点』岩波書店.

――――, 2008,『分散する身体――エスノメソドロジー的相互行為分析の展開』勁草書房.

――――, 2016,「身体の構造化と複合感覚的視覚――相互行為分析と『見ること』の社会論理」荒 畑靖宏・山田圭一・古田徹也編『これからのウィトゲンシュタイン――刷新と応用のための14 篇』リベルタス出版，202-19.

野澤豊一，2010,「対面相互行為を通じたトランスダンスの出現――米国黒人ペンテコステ派教会の 事例から」『文化人類学』75（3）: 417-39.

――――, 2013a,「音楽と身体の人類学的研究に向けて」『金沢大学文化資源学研究』10: 95-114.

――――, 2013b,「共振する身体を映像で記録する」『金沢大学文化資源学研究』10: 115-9.

――――, 2013c,「身体をシンクロさせ，感情を共有する――参加型音楽では，サウンドはいかに 機能するのか?」『金沢大学文化資源学研究』10: 120-53.

小川博司，1988,『音楽する社会』勁草書房.

小川博司・小田原敏・粟谷佳司・小泉恭子・葉口英子・増田聡，2005,『メディア時代の広告と音楽 ――変容するCMと音楽化社会』新曜社.

岡田光弘，2005,「エスノメソドロジー研究」『メディアとことば〈2〉――組み込まれるオーディエ ンス』ひつじ書房，158-9.

小塩さとみ，2016,「楽譜・採譜・分析」増野亜子編『民族音楽学12の視点』音楽之友社，72-3.

Parton, K., 2014, "Epistemic Stance in Orchestral Interaction," *Social Semiotics*, 24（4）: 402-19.

Pehkonen, S., 2017, "Choreographing the Performer-Audience Interaction," *Journal of Contempo-*

rary Ethnography, 46（6）: 699-722.

サーサスジョージ, 1995,「エスノメソドロジー社会科学における新たな展開」北沢裕・西阪仰訳『日常性の解剖学——知と会話』マルジュ社, 5 -29.

Psathas, G. & T. Anderson, 1990, "The 'Practices' of Transcription in Conversation Analysis," *Semiotica*, 78（1 - 2）: 75-99.

Rawls, A. W., 2002, "Editor's Introduction," H. Garfinkel, *Ethnomethodology's Program: Working out Durkeim's Aphorism*, Rowman & Littlefield, 1 -64.

Reed, D. J., 2015, "Relinquishing in Musical Masterclasses: Embodied Action in Interactional Projects," *Journal of Pragmatics*, 89: 31-49.

————, 2017, "Performance and Interaction on Soundcloud Social Remix and the Fundamental Techniques of Conversation," *Journal of Pragmatics*, 115: 82-98.

Reed, B. S., D. Reed & E. Haddon, 2013, "NOW or NOT NOW: Coordinating Restarts in the Pursuit of Learnables in Vocal Master Classes," *Research on Language and Social Interaction*, 46（1）: 22-46.

Reed, D. & B. S. Reed, 2013, "Building an Instructional Project: Actions as Components of Music Masterclasses," B. S. Reed & G. Raymond eds., *Units of Talk-Units of Action*, John Benjamins Publishing Company, 313-42.

————, 2014, "The Emergence of Learnables in Music Masterclasses," *Social Semiotics*, 24（4）: 446-67.

Roulston, K., 2000, Itinerant Music Teachers' Work in Queensland, Un-published Ph. D. thesis, Graduate School of Education, The University of Queensland.

————, 2001, "Introducing Ethnomethodological Analysis to the Field of Music Education," *Music Education Research*, 3 （2）: 121-42.

de Ruiter, J. P. & S. Albert, 2017, "An Appeal for a Methodological Fusion of Conversation Analysis and Experimental Psychology," *Research on Language and Social Interaction*, 50（1）: 90-107.

Ryle, G., 1949, The Concept of Mind, Hutchinson's University Library.（坂本百大・宮下治子・服部裕幸訳, 1987,『心の概念』みすず書房.）

Sacks, H., 1963, "Sociological description," *Berkely Journal of Sociology*, 8: 1 -16.（南保輔・海老田大五朗訳, 2013,「社会学的記述」『コミュニケーション紀要』24: 81-92.）

————, 1972, "An Initial Investigation of the Usability of Conversational Data for Doing Sociology," D. Sudnow, ed., *Studies in Social Interaction*, The Free Press, 31-73.（北澤裕・西阪仰訳, 1995,「会話データの利用法——会話分析事始め」『日常性の解剖学——知と会話』マルジュ社, 93-173.）

————, 1992, *Lectures on Conversation, 2 vols.* Basil Blackwell.

Sacks, H., E. A. Schegloff & G. Jefferson, 1974, "A Simplest Systematics for the Organization of Turn: Taking for Conversation," *Language*, 50（4）: 696-735.（西阪仰訳, 2010,「会話のための順番交替の組織——最も単純な体系的記述」『会話分析基本論集——順番交替と修復の組織』世界思想社, 5 -153.）

Sambre, P. & K. Feyaerts, 2017, "Embodied Musical Meaning-Making and Multimodal Viewpoints in a Trumpet Master Class," *Journal of Pragmatics*, 122: 10-23.

佐本英規, 2021, 『森の中のレコーディング・スタジオ――混淆する民族音楽と周縁からのグローバリゼーション』昭和堂.

Schegloff, E. A., 1996, "Confirming Allusions: Toward an Empirical Account of Action," *American Journal of Sociology*, 102 (1): 161-216 (西阪仰訳, 2018, 「仄めかしだったと認めること――行為の経験的説明に向けて」西阪仰編『会話分析の方法――行為と連鎖の組織』世界思想社, 101-202.).

―――, 2005, "On Complainability," *Social Problems*, 52 (4): 449-76.

―――, 2007a, "Categories in Action: Person-reference and Membership Categorization," *Discourse Studies*, 9 (4): 433-61.

―――, 2007b, *Sequence Organization in Interaction: Volume 1: A Primer in Conversation Analysis*, Cambridge University Press.

Schgloff, E. A. & H. Sacks, 1972, "Opening Up Closings," *Semiotica*, 7: 289-327. (北澤裕・西阪仰訳, 1995, 「会話はどのように終了されるのか」『日常性の解剖学』マルジェ社, 175-241.)

Schegloff, E. A., H. Sacks & G. Jefferson, 1977, "The Preference for Self-correction in the Organization of Repair in Conversation," *Language*, 53 (2): 361-382. (西阪仰訳, 2010, 「会話における修復の組織――自己訂正の優先性」『会話分析基本論集――順番交代と修復の組織』世界思想社, 155-246.)

Schutz, A., 1951, "Making Music Together: A Study in Social Relationship," *Social Research*, 18 (1): 76-97. (渡部光・那須壽・西原和久訳, 1991, 「音楽の共同創造過程――社会関係の一研究」『アルフレッド・シュッツ著作集　第3巻　社会理論の研究』マルジュ社, 221-44.)

Seeger, C., 1958, "Prescriptive and Descriptive Music-Writing," *The Musical Quarterly*, 44 (2): 184-95.

Silbermann, A., 1957, *Wovon lebt die Musik*, Gustav Bosse. (城戸朋子訳, 1966, 『音楽はいずこへ――音楽の社会学』紀伊國屋書店.)

Simmel, G., 1882, "Psychologische und Ethnologische Studien über Musik," *Zeitschrift für Völkerpsychologie und Sprachwissenschaft*, 13 (3): 261-305. (K. P. Etzkorn, trans., 1968, "Pychological and Ethnological Studies on Music," *Georg Simmel: The Conflict in Modern Culture and Other Essays*, Teachers College Press, 98-140.)

Small, C., 1998, *Musicking*, Wesleyan University Press. (野澤豊一・西島千尋訳, 2011, 『ミュージッキング――音楽は〈行為〉である』水声社.)

曽田裕司, 2018, 「ピアノ練習における『相転移』を記述する理論についての予備的考察――現象学的エスノメソドロジーを中心に」『尚絅大学研究紀要　A. 人文・社会科学編』50: 61-70.

Stevanovic, M., 2013, "Managing Participation in Interaction: The Case of Humming," *Text and Talk*, 33 (1): 113-37.

―――, 2017, "Managing Compliance in Violin Instruction: The Case of the Finnish Clitic Particles -*pA* and -*pAs* in Imperatives and Hortatives," M-L. Sorjonen, L. Raevaara & E. Couper-Kuhlen, eds., *Imperative Turns at Talk: The Design of Directives in Action*, Amsterdam: John Benjamins, 357-80.

Stevanovic, M. & M. Frick, 2014, "Singing in Interaction," *Social Semiotics*, 24 (4): 495-513.

148

Stevanovic, M., T. Himberg, M. Niinisalo, M. Kahri, A. Peräkylä, M. Sams & R. Hari, 2017, "Sequentiality, Mutual Visibility, and Behavioral Matching: Body Sway and Pitch Register During Joint Decision Making," *Research on Language and Social Interaction*, 50（1）: 33-53.

Sudnow, D., 1978, *Ways of the Hand: The Organization of Improvised Conduct*, Harvard University Press.（徳丸吉彦・村田公一・卜田隆嗣訳, 1993,『鍵盤を駆ける手――社会学者による現象学的ジャズ・ピアノ入門』新曜社.）

―――, 1979, *Talk's body: A Meditation Between Two Keyboards*, Knopf.

―――, 2001, *Ways of the hand: A Rewritten Account*, The MIT Press.

Sunakawa, C., 2018, "Bodily Shadowing: Learning to be an Orchestral Conductor," A. Deppermann & J. Streeck, eds., *Time in Embodied Interaction: Synchronicity and Sequentiality of Multimodal Resources*, Amsterdam: John Benjamins: 203-30.

諏訪淳一郎, 2012,『パフォーマンスの音楽人類学』勁草書房.

田森雅一, 2015,『近代インドにおける古典音楽の社会的世界とその変容――“音楽すること”の人類学的研究』三元社.

谷口文和, 2003,「ターンテーブリズムにおける DJ パフォーマンスの音楽的分析」『ポピュラー音楽研究』7：15-34.

谷本一之, 1987,「音楽と記録」柴田南雄・徳丸吉彦編『民族音楽』放送大学教育振興会, 126-35.

寺前典子, 2018,『リズム（身体感覚）からの逃走――音楽の現象学的・歴史社会学的研究』晃洋書房.

徳丸吉彦, 2016a,「民族音楽学への流れ」増野亜子編『民族音楽学12の視点』音楽之友社, 152-60.

―――, 2016b,『ミュージックスとの付き合い方――民族音楽学の拡がり』左右社.

Tolins J., 2013, "Assessment and Direction Through Nonlexical Vocalizations in Music Instruction," *Research on Language and Social Interaction*, 46（1）: 47-64.

Tolmie, P., S. Benford & M. Rouncefield, 2013, "Playing in Irish Music Sessions," P. Tolmie & M. Rouncefield, eds., *Ethnomethodology at Play*, Farnham; Burlington: Ashgate, 227-56.

柘植元一, 1991,『世界音楽への招待――民族音楽学入門』音楽之友社.

都留泰作, 2010,「バカ・ピグミーの歌と踊り――演技技法の分析に向けて」木村大治・中村美知夫ほか編『インタラクションの境界と接続――サル・人・会話研究から』昭和堂, 295-317.

植村幸生, 1993,「音楽民族誌の再構成に向けて――エスノメソドロジーの視点からの予備的考察」『洗足論叢』22: 173-84.

上野仁, 2017,『アドルノの芸術哲学』晃洋書房.

上野直樹・西阪仰, 2000,『インタラクション――人工知能と心』大修館書店.

浦野茂, 2012,「人間・社会科学の実践をめぐる方法誌――記憶・文化・人種の概念的秩序を事例に」慶應義塾大学2012年度博士論文.

Veronesi, D., 2014, "Correction Sequences and Semiotic Resources in Ensemble Music Workshops: The Case of Conduction®," *Social Semiotics*, 24（4）: 468-94.

Veronesi, D. & S. Pasquandrea, 2014, "Doing (Things with) Sounds: Introduction to the Special Issue," *Social Semiotics*, 24（4）: 369-80.

渡邊裕実, 2010,「吹奏楽練習場面における相互行為分析――「理想の音」を生みだすための指導活動に着目して」『徳島大学総合科学部地域調査実習報告書＆樫田ゼミゼミ論集』131-44.

Watson, R., 2009, *Analysing Practical and Professional Texts: A Naturalistic Approach*, Ashgate.

Weber, M., 1956, "Die rationalen und soziologischen Grundlagen der Musik," J. Winckelmann, ed., *Wirtschaft und Gesellschaft: Grundriss der verstehenden Soziologie: mit einem Anhang: die rationalen und soziologischen Grundlagen der Musik*, J. C. B. Mohr: 877-928. (安藤英治・池宮英才・角倉一郎訳, 1967, 『音楽社会学』創文社.)

Weeks, P., 1982, An Ethnomethodological Study of Collective Music Making, Un-published Ph. D. thesis, Department of Sociology in Education, Ontario Institute for Studies in Education, University of Toronto.

————, 1985, "Error-Correction Techniques and Sequences in Instructional Settings: Toward a Comparative framework," *Human Studies*, 8 : 195-233.

————, 1990, "Musical Time as a Practical Accomplishment: A Change in Tempo," *Human Studies*, 13: 323-59.

————, 1996a, "A Rehearsal of Beethoven Passage: An Analysis of Correction Talk," *Research on Language and Social Interaction*, 29（3）: 247-90.

————, 1996b, "Synchrony Lost, Synchrony Regained: The Achievement of Musical Co-ordination," *Human Studies*, 19: 199-228.

————, 2002, "Performative Error-Correction in Music: A Problem for Ethnomethodological Description," *Human Studies*, 25: 359-85.

————, 2012, "From Phenomenology to Ethnomethodology: The Crafting of Musical Time," H. Nasu & F. C. Waksler, eds., *Interaction and Everyday Life: Phenomenological and Ethnomethodological Essays in Honor of George Psathas*, Lexington Books, 315-32.

Winch, P., 1958, *The Idea of a Social Science and its Relation to Philosophy*, Routledge & Kegan Paul. (森川真規雄訳, 1997, 『社会科学の理念——ウィトゲンシュタイン哲学と社会研究』新曜社.)

八木大斗・小笠原都子, 2012, 「歌う在宅療養者——脊椎損傷者の在宅生活」樫田美雄編『在宅医療のエスノメソドロジー（平成23年度徳島大学総合科学部地域調査演習報告書＆樫田ゼミナールゼミ論集）』徳島大学総合科学部社会学研究室, 49-72.

山口修, 2000, 『応用音楽学』放送大学教育振興会.

————, 2004, 『応用音楽学と民族音楽学』放送大学教育振興会.

山崎敬一・西阪仰編, 1997, 『語る身体・見る身体——〈付論〉ビデオデータの分析法』ハーベスト社.

横森大輔・西田紘子, 2017, 「弦楽四重奏リハーサル場面における演奏の中断と再開の相互行為分析」『言語・音声理解と対話処理研究会』79: 1-6.

吉田優貴, 2018, 『いつも躍っている子供たち——聾・身体・ケニア』風響社.

Yoshikawa, Y., 2018, ""No Songs to Sing!": An Interaction Analysis of a Problematic Scene in a Karaoke Space," The 11th Australasian Institute of Ethnomethodology and Conversation Analysis Conference, Macau: Macau University.

吉川侑輝, 2016, 「音楽をめぐる活動のエスノメソドロジー研究——日本における『古楽』実践を事例として」慶應義塾大学大学院2015年度修士論文.

————, 2020, 「活動のなかのラインズ——音階の社会的編成」日本文化人類学会第54回研究大会

（5月31日）.

———, 2021a, 「遠隔による音楽活動にかかわるエスノメソドロジー研究文献のレビューとその含意」EMCA 研究会2020年度春の研究例会（3月20日）.

———, 2021b, 「エスノメソドロジー研究のなかの映像利用——想起と教示を支援する」『三田社会学』26（7）: 22-33.

———, 2021c, 「『歌いたい曲がない！』——カラオケにおいてトラブルを伝えること」秋谷直矩・團康晃・松井広志編『楽しみの技法——趣味実践の社会学』ナカニシヤ出版, 149-69.

———, 2022, 「「個別的なもの」の日常的編成——楽器をめぐる「迷い」と「決断」の自己エスノグラフィ」『文化人類学』近刊.

吉川侑輝・河村裕樹, 2019, 「音楽療法のエスノメソドロジーにむけて——質的研究の分析を中心に」日本質的心理学会第16回全国大会（9月21日）.

———, 2020, 「音楽療法を記述する実践的方法の研究: セラピストたちへのインタビューを中心に」第46回日本保健医療社会学会大会（9月6日）.

吉川侑輝・小田中悠, 2018, 「音楽とコンテクスト再考——カラオケにおいて選曲理由を提示すること」カルチュラルタイフーン2018報告原稿.

吉野秀紀, 2005, 「音を取り巻く相互行為分析——ギター教授演奏場面を事例として」徳島大学総合科学部国際社会文化研究コース2014年度卒業論文.

人名索引

ア 行

アドルノ，テオドール　5, 6, 18
アブラハム，オットー　43
アンダーソン，ティモシー　50
アンダーソン，ボブ　26
イヴァルディ，アントニア　28
池谷のぞみ　133
ウィークス，ピーター　27, 32, 33, 35, 39, 46, 47, 55, 57, 60, 109, 110
ウィトゲンシュタイン，ルートヴィヒ　56
ウィンチ，ピーター　56
ウェーバー，マックス　18
ヴェロネージ，ダニエラ　30, 39, 40
浦野茂　120
小川博司　1
オトテール，ジャック　81

カ 行

ガーフィンケル，ハロルド　12-17, 20, 21, 23, 25, 26, 36, 40, 49, 50, 58, 90, 132
カイル，チャールズ　17
河瀬諭　59
カント，イマヌエル　6
ギアツ，クリフォード　44, 56
キーティング，エリザベス　27
菊地浩平　77
ギブソン，ジェームズ　79
串田秀也　48
クリプキ，ソール　53
クルター，ジェフ　52-54
ケンドリック，コビン　48
小泉恭子　19
コダーイ，ゾルターン　57
ゴッフマン，アーヴィング　109

サ 行

サーサス，ジョージ　50-52, 54
サックス，ハーヴィ　13-15, 20, 39, 40, 49, 58
サドナウ，デヴィッド　23, 26, 32, 33, 35, 39, 108, 109, 114, 115, 118
サン＝サーンス，カミーユ　47
サンプル，パウル　40
シーガー，チャールズ　43
シェグロフ，エマニュエル　39, 40, 49, 105, 125
ジェル，アルフレッド　24, 40

シャロック，ウェス　29
シュッツ，アルフレッド　2, 47, 77, 130
ジョルダーニア，ジョセフ　44
ジルバーマン，アルフォンス　5, 6, 18
ジンメル，ゲオルグ　18
ステファノビッチ，メリッサ　28, 30
砂川千穂　28

タ・ナ行

ダフィー，サム　28, 31, 40
團康晃　28, 30, 39
デノーラ，ティア　10, 11, 78, 79, 89, 90, 123, 128
徳丸吉彦　19
トリンズ，ジャクソン　28
トルミー，ピーター　35, 40, 110, 127
ナティエ，ジャン＝ジャック　8, 9
西阪仰　28, 58, 105, 109, 120
西島千尋　19, 90
西田紘子　28, 77
野澤豊一　43

ハ 行

ハーデンベルガー，ホーカン　40
バートン，キャサリン　27, 92, 93, 103, 109
バーンズ，ステイシー　25
ハヴィランド，ジョン　27, 39
パスカンドレア，セルジオ　39
ハッチ，デヴィッド　26, 46
バッハ，ヨハン・セバスチャン　25
バルヴィエーリ，ダニエレ　39
バルトーク・ベラ　57
フィネガン，ルース　107, 108, 119
フォーレスター，マイケル　30
吹上裕樹　18, 19, 90
藤岡幹嗣　43
フッサール，エトムント　19
フッド，マントル　19
フューク，ヤニーナ　91
ブラック，スティーブン　27
フリック，マリア　30
ブルッカー，フィリップ　29
ベイリー，ジョン　19
ヘーゲル，ゲオルク・ヴィルヘルム・フリードリヒ　6, 18
ベートーヴェン，ルートヴィヒ・ヴァン　6
ベッカー，ハワード　23, 106, 108, 118, 119

152

ボールマン，フィリップ　24
ボーン，ジョージナ　24, 40
細馬宏通　77
ホルンボステル，エリッヒ・フォン　43
ホワード，ヴァーノン　21

マ・ヤ行

マーラー，グスタフ　6, 18
マイヤー，レナード　17
正井佐知　39
見田宗介　18
宮本直美　18
メルリーノ，サラ　27, 109
モーツァルト，ヴォルフガング・アマデウス　39
モリス，ローレンス・「ブッチ」　30, 40

モリソン，スティーブン　91, 104
モンダダ，ロレンザ　51, 52, 54
山口修　57
横森大輔　28, 77
吉川侑輝　30, 39, 40

ラ・ワ行

リード，ダレン　29, 34, 35, 60, 77
リード，ベアトリス　29, 34
リンチ，マイケル　23, 24, 40, 49, 50, 52, 54, 57
ローマックス，アラン　43, 44
ロールズ，アン　25
ロールストン，キャスリン　30
ワトソン，ロッド　26, 39, 46

事項索引

アルファベット

ELAN　62, 94
ICT　31, 102
iReal Pro　77, 110
MRI　48
n＋n＋s　92

ア 行

アーカイブ　44
アート・ワールド　99-103, 105, 106, 124, 126, 129-131
挨拶　52
アイデンティティ　27, 119
曖昧な　4
　——現象　3, 9
アイルランド音楽　29
アインザッツ　64
　——の提示　35, 40, 80, 110, 123, 127
上げ弓　65, 70, 71, 75, 76, 95
あざけり　45, 124
遊び　76, 97
「厚い」文脈　119
アフォーダンス　78
アプリオリ　8
　——に知られうる　53, 79, 89, 123
　——に知られねばならない　11, 53, 55, 106
アポステリオリ　52
誤り　8
アンサンブル　32
異言語　27, 39, 90, 108, 112-116
逸脱　72, 80, 81, 110, 123
意味の構造のヒエラルキー　45
インストラクション　41
インタビュー　30
インデックス性　13, 49, 93, 111
インデックス的表現　13, 120, 133
インフォーマル　19, 16
ヴァイオリン　14, 16, 28
ヴィオラ　94, 107, 108
ヴィオラ・ダ・ガンバ　61, 81, 82, 94, 95, 97, 102, 124
ウェブサービス　31
頷き　74, 75, 101
運指　112
映像　43, 97

映像音楽学　43
エスノメソドロジー　4, 57
『エスノメソドロジー研究』　13
演奏家　12, 13, 15-17, 20-27, 30-33, 36-40, 42, 46-50, 52, 54-56, 58, 60, 79, 80, 89, 90, 108, 110, 119, 120, 122, 126, 127, 133
演奏会　16, 73, 132
演奏活動　32, 37
演奏実践　40, 81
演奏者　27, 42, 106, 110, 130-132
演奏の開始　60
　——点　29, 33, 47, 60, 64, 65, 74, 80, 81, 91, 102, 112-114, 118, 123
演奏の準備　61, 64, 65, 73, 75-77, 123
演奏の提案　65, 72, 88
演奏分析　22, 65, 74-76, 123, 124
オーケストラ　27, 72, 75, 76, 123, 124
置き換え　4, 36-38, 76, 122, 124-128, 131, 132
オクターブ　27, 33, 86, 92, 93, 103, 109
音　7, 13, 44, 114-118, 125
オルガン　107
音価　81
音階　114
音楽　18, 95, 113
　——化　1, 116
　——家　20
　——学　17
　——学校　28, 29, 40, 42, 59, 60, 65, 70, 72, 75, 77, 81, 91-93, 95, 97, 100, 102-105, 107, 108, 111, 119, 120
　——記号論　8, 19, 24, 132
　——教育　23, 31
　——空間　27
　——経験　10
　——研究　19, 27, 29-31, 34, 40, 132
　——現場　57
音楽コミュニケーション　20, 23, 24, 36, 37, 39, 47, 78, 118
音楽作品　17
音楽社会学　1
『音楽社会学序説』　6, 23, 79
音楽社会集団　5, 6, 18, 23, 36, 78, 126
音楽心理学　91
音楽人類学　40
音楽スタジオ　20
音楽すること　19, 43

154

音楽性　30
音楽制作　23, 24
音楽的出来事　11, 91
「音楽の共同創造過程」　2, 26
『音楽はいずこへ』　5, 19, 79, 89, 90
音楽分析　5
音楽療法　133
音楽理論　20
音形　98
音高　81, 110
音声　57, 99
音符　95, 112
音名　95
音律　18

カ　行

懐疑　7
介護　40
概念　6, 9, 19
　──同士の結びつき　52
　──分析　11, 19, 21, 52
回避　53, 55, 105
会話分析　27
カウント　74
科学　33, 37-40, 46, 48-54, 57, 76, 80, 105, 120, 126-128
科学社会学　20
科学人類学　20
科学的　3
　──観察　4
　──研究　4, 5, 7, 13, 15, 16, 23, 123
　──世界　7-10, 19, 42, 123, 128-130, 132
　──態度　15, 23-25, 132
楽音　29, 44, 54
学習　28
学術用語　32, 33, 35, 36, 40, 42, 57, 59, 95, 98, 99, 103, 126, 132
歌詞　27, 107, 108
　──分析　18
歌手　61, 79
歌唱　28
楽曲　8, 74
　──制作　29, 43
　──分析　5, 8, 27, 29, 35, 72, 80, 127
学校　106
合唱　27
活性　27
合奏　29, 109
　──開始　39, 60

活動　60, 76, 87, 123
カテゴリー化実践　28
可能な誤り　114, 132
カメラ　44
カラオケ　7, 116, 117
観察可能　12, 56
観察者　11, 30, 40, 133
関心　65, 72, 86, 126, 129
完全5度音程　94
器楽曲　61
記述　16
記述的楽譜　43, 94
基準音　23, 26, 94
擬声による表現　33
ギター　74, 95, 97, 98, 101, 102
　──レッスン　40
機能主義　75, 78
規範的楽譜　43
記譜　112
奇妙な　13
客体　24
客観的　4
　──観察　8, 37
　──表現　5, 13, 15, 43, 91, 130
　──分析　6
吸気音　64
教師　28
教示　29
教示から実演への移行　29, 30, 34, 60
教示方法　34, 35, 40, 60, 72, 76, 80, 107
記録　43
際立った事例　26
偶然的　16, 43, 48, 95
　──にしてアプリオリ　36, 52
具体的秩序　37, 53, 55
組曲　54, 55, 58, 81
クラシック　20
繰り返し　6
グループセラピー　13, 27, 91, 107
経験主義　54, 85, 86, 88, 94, 95, 99, 125, 133
経験的　20
　──研究　16
形式的分析　50-53, 89, 103, 104, 119
計量歌唱学　19, 20, 22, 36, 39, 43, 79, 120, 122, 127
計量舞踏学　43, 58
弦楽四重奏　28, 44
研究活動　56
研究室研究　20, 39, 77
研究実践　58

研究方法　32
言語学　28, 31, 32, 108, 118, 120
言語活動　23
言語実践　120
言語人類学　24, 27, 37
言語性　126
言語的　23
現象学　26
現象学的社会学　2, 117, 124, 126, 128, 130, 131
現象の特徴　16, 47, 109, 118
現場　47, 57, 77
鍵盤　32, 36, 39, 128
『鍵盤をかける手』　108
行為　28, 95, 96, 105
　　——概念　130
高音部譜表　36, 40, 45, 48, 62, 90, 98, 105, 110, 127
交響曲　6
交渉　34
行進　18, 79
構造　5, 87
構造—機能主義　5
構築　11, 19
構築的分析　15
公的　79, 104
行動　5, 58
コード進行　32, 108, 109, 118
国際音響資料館協会　6, 44
個性原理　110–112, 127
言葉による表現　33
個別具体的　8
コレクション　48
コンダクション　30, 78
コンピュータによって支援された協同作業（CSCW）
　　31, 50, 122

サ　行

再開　28
再試行　86
最上音　34, 77, 82, 84, 87, 88, 90, 100, 101
採譜　43, 87
作品　5, 105
　　——分析　6, 44, 57, 81, 111
下げ弓　16, 18, 24, 36, 37, 95, 132
作曲　1
　　——家　2
参加者　27, 81, 132
参加枠組み　5, 28, 30, 57
三十二分音符　28–30, 32, 35, 37, 72, 75, 94, 96, 113,
　　123, 125

3 声　61
三連符　113
支援　25
時間芸術　3, 37
時間的　19
　　——秩序　33, 76
　　——編成　34–36, 40, 42, 76, 126
指揮　28
　　——者　27, 30, 40, 73, 74
自己観察　21, 30, 33, 72–75, 93, 103
自己修復　27
自己選択　35, 39
仕事をしながら［の］習得　106
指示　28
指示語　13, 30, 34, 62, 64, 70, 90, 93
指示的な上演　40
視線　59
自然言語　15, 96
自然主義　40, 54, 125
自然生起的　57
《七重奏》　47
実演から教示への移行　34
実践的　3
実践的な音楽研究者　12, 37, 119, 123, 133
実践的の課題　14
実践的の観察　132
実践的の関心　119
実践的の研究　17
実践的の行為　14
「実践的行為の形式的構造について」　14, 16
実践的社会学的推論　15
実践的状況　14, 132
実践的方法　60
室内楽　29, 76, 77
失敗　29
私的　1, 32, 47, 60, 80, 86, 106, 110
指摘　60
四分音符　71, 113
社会化　18
社会科学　50
社会学　3
　　——主義　5, 6, 10, 12, 15, 18–20, 23, 49, 50, 78, 79,
　　90, 106, 123
　　——理論　15
社会過程　19
社会心理学　20, 23, 59
ジャズ　32
　　——・インプロヴィゼーション　39, 110
　　——・バンド　27

156

――・ピアノ　26
――・ミュージシャン　23, 108
収集　43
十全な報告　44, 48, 93, 107, 112
集団歌唱　79, 108, 119
修復　7
修復活動　72, 88
終了をマーク　98
主観的　4, 99-102
受諾　15, 35, 91, 93, 104
順序づけ　40, 98, 99, 114
順番　28, 115-117, 125
順番交替　28, 39, 94, 114, 127
準備　4, 40
省察にもとづく報告　26, 32, 64, 70, 71, 73, 76
情報提供　28, 32, 108
証明手続き　120
職業的音楽家　5
自律性　24
自律的　79
資料化　44
史料調査　19
素人　10
進化音楽学　44, 106, 128, 129
人工的　57
　　――な技術　44
身体動作　28, 45-50, 52, 54-58
人類学　17, 40, 43, 59, 80, 87
　　――理論　24, 27, 36, 37, 40, 43, 44, 78
吹奏楽　40
スケール　114
　　――を弾くこと　115, 118
スコア　82
スタジオ　17, 84, 88, 90
スタジオ・スタディーズ　20, 81
成員　5
成員性　14, 21, 26, 28, 46, 49, 57
　　――カテゴリー化装置　39
正確　56
声楽　28
正確さ　7, 60
精巧なリマインダー　44, 54, 56, 130
制作　20, 55-57
生徒　28
西洋近代　20, 29, 34, 60
西洋近代音楽　23, 24
世界音楽　19, 59, 91
セッション　24, 29
説明可能性　35, 79, 80, 110, 127

選曲　8, 82, 89, 90, 123, 129
先行連鎖　30, 35
全体構造　40, 60, 105
全体論的な視点　79
専門家　10
専門化　11, 91, 106, 107, 130
専門的　3
　　――活動　5, 7, 10, 11, 16, 50, 89, 106, 124, 129, 132
　　――観察　10
　　――研究　18, 123
　　――実践　128
　　――分析　9
旋律　32
想起　53, 111-113, 116
相互行為　17, 54-56, 58, 75, 124
　　――単位　27-30, 34, 47, 53, 60, 80, 88, 89, 92-94, 100, 103, 104, 109, 127, 133
　　――分析　27, 34, 35, 38
相互同調関係　2, 48, 54, 79, 80, 92, 103, 109
相互反映性　14, 77, 130
相互反映的　16, 75
創造　29
総体　18
総譜　19, 24, 82
素材　117
即興　29
　　――演奏　23, 31, 32, 35, 108, 110
即興能力　26, 30, 32, 39, 110, 117, 127
ソナタ形式　6

タ　行

代替　50
タイミング　32
タイムコード　95
対面的　109
対面的相互行為　27, 127
多音楽能力　19, 27, 30, 32, 40
他者訂正　27
多層的　127
達成　14
他人　16, 25, 28, 38, 50, 57, 65, 75, 103, 104, 118, 122, 128, 130, 131
単音　95, 109, 118
探求実践　98, 133
ダンス　40
単定立的　47, 76
チェロ　61
チェンバロ　61, 94, 95
秩序　37, 74, 94, 95, 102, 105, 124

注釈　15, 37, 50, 116
中断　28
チューニング　71, 72, 77, 82, 84, 86–88, 90, 91, 101, 105, 114
調弦　92–94, 96–105, 110, 125
聴取　16
聴衆　29, 32, 46, 47
調整　80, 92
調整音　94–101, 108, 119, 124, 125
調律　94
沈黙　97, 102
通常科学化　49
提案　25
定式化　14, 27, 64, 65, 70, 72, 74, 123
定式化をすること　20, 26, 131
訂正　27
──連鎖　28, 33, 98, 99, 116
データ　34, 43, 60
データベース　48, 50–53, 61, 81, 92, 105, 108, 125, 127
テープ　47
出来事　11, 57
テキスト　12, 24, 35, 39, 50, 78
適切さ　13
哲学　52
撤退　56, 57, 60
転記　43
テンポ　27, 48
ドイツ音名　81, 104, 112
同期　59
──活動　59, 60, 76, 77
統制的　57
道徳秩序　30
独学　106
特定　20, 107
読譜　40, 85
トランスクリプト　46, 86, 88
トランペット　40, 47, 48, 50–52, 62, 77, 81, 82, 88, 90, 95–97, 100, 102, 105, 111, 112

ナ　行

内的時間　33
直示　27, 47, 77
『名指しと必然性』　53
二重奏　81
二重付点　82, 113
日常会話　30
日常言語の習熟　21
日常性　126

日常生活　10, 128
──世界　15, 16, 19, 123, 129
『日常生活のなかの音楽』　10, 44, 49, 54, 55, 77, 129
日常的　2
──活動　3, 10, 14–17, 19, 20, 22, 30, 39, 42, 47, 52, 56, 58, 59, 91, 103, 110, 111, 124, 126, 128, 130–132
日常的観察　4, 54, 89
──の先行性　6, 8–12, 42, 123, 129–132
日常的研究　132
日常的実践　47
日常的態度　15, 56, 103, 119, 124, 125, 129
鈍い想像力に対する助力　58
人間集団　5
人間とコンピュータの相互作用（HCI）　30
認識の勾配　27, 31
能力不足　91, 93

ハ　行

パート　93
媒介　19
八分音符　84
発音　28, 113
発見　48, 84
発話　13, 49, 125
ハミング　27–29, 33–36, 39, 40, 42, 48, 62, 79, 80, 84, 87, 89, 109, 117, 124, 127
バロック　30, 90
バロック・ギター　61
伴奏　110
伴奏者　34
バンド　27
ピアニスト　60
ピアノ　110
非概念的な　2, 112
比較音楽学　43, 130
弾き直し　44, 82
非専門　29
非専門家　10
非専門的　10, 11, 91
──観察　10, 39, 123, 124, 129
ピッチ　91
──を合わせること　91, 93, 95, 99, 104
ビデオ　24, 92–94, 103–105
──カメラ　43, 48, 81
──データ　40, 111
ビデオ分析　28, 62, 77, 81, 89, 93–95, 102, 103, 105, 111, 112, 131
ひとりでおこなう演奏　61, 110

158

ひとりでおこなう準備　106, 117
ひとりでおこなう練習　108
評価　28, 110, 118, 125
表記法　43, 93, 99
表現形式　49, 81, 112
表象　44, 129
フィールド　4, 50, 55–57
　　──ワーカー　17, 20, 22, 27, 31–33, 42–44, 48, 61, 79, 80, 127, 131
　　──ワーク　19
フォーマル　19, 20, 23, 30, 39, 43, 54, 57, 93
フォノグラフ・アルヒーフ　44, 107
複音楽性　19
複合性　129
複合体　125
複合的　126, 128, 129
複定立的　47, 131
不出現　105
復帰　29
物質芸術　3, 32, 47, 80, 110
物象化　3
舞踏　43
譜面台　73
フラウト・トラヴェルソ　81
プラクティス　34, 82, 90
ブラスバンド　49, 65, 72, 76, 92, 98, 99, 102–105, 107, 108, 115, 117, 124–126, 128–131
フランス・バロック　72
フランス語　74
《ブランデンブルク協奏曲第5番》　25
ブルース　26
　　──愛好家　26, 46
「ブルースを聴くこと」　26
フルート　90
ふるまい　12
フレーズ　28, 29, 31, 43, 62, 75, 84, 86–90, 95, 105, 118
フレンチ・ヴァイオリン譜表　74, 90
文学　3
文化人類学　20
『文化の解釈学』　44
分析　21
分析者　21, 39, 41, 57, 105
文法　29
文脈依存性　13
ベース　112
ペグ　94
変奏　65, 95–101
方法誌　i, 72, 75, 76, 90

方法の知識　118
方法論　8
「仄めかしだったと認めること」　11, 12, 48, 49, 90, 92
ポピュラー　105, 107
ポピュラー音楽　107
ポピュラー音楽学　39
本質主義　78
本番　27

マ 行

マイクロ会話分析　29–31, 42, 80, 81, 110, 132
マイナス・ワン　110
マスタークラス　29, 111
まばたき　34, 39, 45, 60, 61
マルチモーダル　40
マルチモーダルなゲシュタルト　29
マルチモダリティ　40, 59, 80
ミーティング　30, 80
見失って　14
民族音楽学　3, 23
民族誌　17, 19, 23, 31, 43, 44, 56
　　──家　24, 57, 107, 108
　　──の目的　44
無音　45, 98
明白な場面　17, 99
目くばせ　38, 40, 45, 90
メタ言語　8
メトロノーム　25
メログラフ　43
申し出　35
モーション・キャプチャー　40, 48

ヤ 行

やり方　8
弓　10, 16, 74, 79, 81, 89
幼児　30, 95–97
要約的　99
　　──表現　105, 124, 125
抑揚　29
予示　29
415Hz　60, 94, 123

ラ・ワ行

ライブ　29, 80
理解可能　12, 16, 19, 49, 80, 90, 110, 114, 116, 118, 124, 130
　　──性　16, 25, 29, 103, 108–110, 115–118, 120, 125, 128
リズム　79, 81, 85, 90

リハーサル　27, 28, 31, 33, 39, 60, 73, 74, 77, 79–81, 89, 90, 92, 93, 106, 109, 127
リハーサルマーク　81, 88
理論　4, 40
　——的　6, 10, 11, 37, 77, 79, 89, 119
　——的関心　131
　——的構築　123
隣接対　40
歴史学　19
レッスン　27–29, 31, 33, 60, 80, 106, 107, 127
レパートリー構築　31
連鎖　29, 35, 65, 89, 117, 123, 127
　——構造　29, 33, 39, 59, 60, 65, 72, 75–77, 80, 88, 123, 124, 129
連鎖的　34

　——秩序　34–36, 42, 76, 123, 127
練習　4, 8, 17, 21, 22, 27, 29, 30, 38–40, 42, 73, 76, 80, 91, 106, 108–113, 115, 117, 118, 120, 123, 127, 131, 132
　——活動　60
練習問題　46
録音　25, 44, 47, 48
　——技術　43
録画　25, 44
　——技術　43
ロックバンド　29
ワーク　25, 30
和音構成音　97
笑い　73, 74, 84

《著者紹介》

吉 川 侑 輝（よしかわ　ゆうき）

　1989年生まれ
　慶應義塾大学大学院社会学研究科博士課程修了，博士（社会学）
　現在，立教大学社会学部現代文化学科助教

主要業績

　『楽しみの技法——趣味実践の社会学』（分担執筆，ナカニシヤ出版，2021年）
　「『個別的なもの』の日常的編成——楽器をめぐる『迷い』と『決断』の自己エ
　　スノグラフィー」（『文化人類学』第87巻3号，日本文化人類学会，2022年）

音楽の方法誌
　　——練習場面のエスノメソドロジー——

2023年2月28日　初版第1刷発行	＊定価はカバーに表示してあります

　　　　　　　著　者　　吉　川　侑　輝©

　　　　　　　発行者　　萩　原　淳　平

　　　　　　　印刷者　　藤　森　英　夫

　　　発行所　株式会社　晃　洋　書　房

　〒615-0026　京都市右京区西院北矢掛町7番地
　　　　　　　　電話　075(312)0788番(代)
　　　　　　　　振替口座　01040-6-32280

装丁　安藤紫野	印刷・製本　亜細亜印刷㈱

ISBN978-4-7710-3717-5